PARAPILLA,

ET AUTRES

ŒUVRES LIBRES,

GALANTES,

ET PHILOSOPHIQUES.

PARAPILLA,

ET AUTRES

ŒUVRES LIBRES,

GALANTES,

ET PHILOSOPHIQUES,

DE M. B**.

...... Ne ludibria ....
HOR.

A FLORENCE,

Chez ALEXANDRE PAPERINI, Imprimeur Libr.

M. DCC. LXXXIII.

AVIS
DE L'IMPRIMEUR.

Nous n'avons pas cru pouvoir donner une meilleure Préface, pour les Œuvres libres & galantes de M. B**, que d'imprimer à leur tête la Lettre qu'un de ses amis nous a envoyée, avec la collection que nous présentons au Public.

PRÉFACE

OU

LETTRE DE L'ÉDITEUR,

A M. PAPERINI.

Paris, ce 6 Novembre 1782.

J'ÉTOIS l'ami de M. B**, je le suis aussi des Lettres. J'avois exigé de son amitié pour moi, qu'il m'enrichît des productions de son esprit, & volontiers il s'y prêtoit; j'ai eu de lui quantité de manuscrits autographes. Son Poëme & quelques autres de ses Poésies, sont pareillement des

a iij

pieces originales , quoiqu'elles me foient venues d'ailleurs. Je comptois n'en faire la richeffe que de moi-même , uniquement pour le plaifir de voir dans fes écrits la main de celui que j'aimois ; & j'efpérois , après la mort de cet homme eftimable , qu'on ne tarderoit pas à favorifer la littérature d'une édition de fes Œuvres libres.

Quelque vifs & fréquents qu'aient été les vœux du Public à ce fujet , ils ont été fans fuccès , & jufqu'ici on ne lui a donné que les Œuvres décentes & férieufes de M. B**. Ses Ouvrages gais & libres me femblent cependant faits pour contribuer effentielle-ment à fa gloire. Quelque bien fondée que puiffe donc être la délicateffe des premiers Editeurs , je n'éprouve que l'empreffement de tirer d'un oubli funefte , les écrits les plus précieux de mon ami. J'efpere donc que vous mettrez bientôt au jour ceux que je vous envoie.

Les copies que je vous remets font très-fidelles. La différence avantageufe de ce *Parapilla* , avec ceux qu'on connoît , vous préfage déjà fa fupériorité fur eux ; c'eft celui-là même que l'Auteur a laiffé en mourant , & j'ignore s'il en exifte une copie. Quoi qu'il en foit , celle-ci eft digne de de l'accueil le plus favorable , elle mérite la préférence fur toutes celles qui ont été imprimées. Bien moins parfaites , les premieres s'acquirent les fuffrages les plus univerfels , & ce qui eft plus flatteur , les applaudiffements immortels de l'élégant *Obfervateur Anglois*. Voici ce qu'il en

dit : (*a*) „ Bien des gens com=
„ parent cet ouvrage au *Vert-vert* ,
„ mais le fujet porte beaucoup plus
„ d'intérêt , les épifodes très-variées
„ enchaînent plus ingénieufement l'ac-
„ tion , & le ftyle plus lefte , marche
„ avec une rapidité que n'a pas
„ M. Greffet....... Le chef-d'œuvre
„ de l'Auteur , c'eft de frifer conti-
„ nuellement l'obfcénité , & de s'en
„ garantir toujours....... Cette ba-
„ gatelle furpaffe infiniment les nôtres ,
„ même *la Boule de cheveux enlevée* ,
„ du fameux Pope. „

Quelle feroit l'admiration de l'Obfervateur , s'il connoiffoit l'édition
correcte que vous allez en diftri-
buer !

(*a*) Tome 4 , pag. 420.

Pour donner une idée du sujet de ce Poëme , il suffit de citer encore le même Ecrivain (*b*). ,, C'est , dit-il , ,, une facétie qui n'est pas nationale , ,, mais qui a été francisée par un ,, Poëte aimable qu'on ne m'a pu ,, nommer. C'est une bouffonnerie ,, ultramontaine : on reconnoît aifé- ,, ment aux détails , le terroir d'où ,, elle vient...... Il est intitulé dans ,, la premiere langue : *il cazzo* , mot ,, fort ufité chez les Italiens , en forme ,, de juron , & que Benoît XIV avoit ,, fouvent à la bouche. On raconte ,, qu'un jour un de fes confidents lui ,, reprochoit d'employer ce mot fale : ,, — *cazzo* , *cazzo* , répondit-il , *je*

____

(*b*) Tome IV , pag. 405.

„ *le répéterai fi fouvent , qu'il ne le*
„ *fera plus.* On ne fait fi c'eft ce qui
„ a fait naître l'idée au premier au-
„ teur de la plaifanterie en queftion.
„ Quoi qu'il en foit, il fuppofe qu'un
„ certain Rodric , ayant fans doute
„ la même habitude du St. Pere ,
„ accueillit ainfi un bel inconnu qui
„ lui vint demander brufquement ce
„ qu'il faifoit , au moment où il cul-
„ tivoit fon jardin & mettoit quelque
„ chofe en terre.

„ Holà , l'ami, dis-moi ce que tu
„ plantes ? *Cazzo, cazzo,* répond l'her-
„ mite bourru. L'autre ne lui donne
„ pas le temps d'achever, & reprend :
„ Vous en plantez , eh bien ! il en
„ viendra.

„ La prophétie s'accomplit , car

„ c'étoit un Ange qui la faifoit. Que
„ devient cette tige finguliere ; quel
„ ufage en fait Rodric ; comment s'en
„ défait-il ; en quelles mains tombe-
„ t-elle ; quel eft fon dernier fort ?
„ C'eft ce qu'on voit dans le courant
„ du Poëme, divifé en cinq chants,
„ fournis d'épifodes très - ingénieufes
„ & très-agréablement narrées......
Il y eft queftion de plufieurs jouif-
fances , mais l'Auteur a répandu fur
leur defcription une admirable & charmante variété ; „ c'eft dans leurs dé-
„ tails que brille la fécondité du
„ peintre , toujours pudique , volup-
„ tueux & gai...... On ne fait d'où
„ eft tiré ce mot : *Parapilla* , fubf-
„ titué à celui de *Cazzo*. Ce qu'il y
„ a de fûr , c'eft qu'il ne fignifie rien
„ en François ; mais il a une grande

„ vertu dans l'ouvrage , comme vous
„ le verrez (c) „.

Les Poésies ici renfermées , font remarquables par la grace , la facilité , l'agrément & le goût qui y regnent. Plufieurs furent attribuées à M. de Voltaire , lorfqu'elles parurent féparément ; entr'autres , la jolie Epître *fur les Caftrats.* Le Recueil que je donne ne pourra manquer de plaire. J'en livrerai dans peu de jours un autre , qui fera compofé auffi d'un choix de vers galants , libres & épigrammatiques du même Auteur. Son *Hymne aux tetons* y fera comprife. Ce dernier morceau de poéfie eft très-agréable , il a même de grandes

---

(c) *Note de l'Imprimeur.* L'explication s'en trouve dans la Lettre ci-après , écrite par M. B ✳ ✳ à M. M.... on y trouvera de plus des avis effentiels fur l'ouvrage dont il s'agit.

beautés. J'expédierai l'examen & l'arrangement des pieces qui doivent compofer cette feconde collection, pour que vous puiffiez bientôt en amufer le Public.

Recevez l'envoi que je vous fais, comme une preuve inconteftable de l'eftime & de l'affection finceres avec lefquels vous me connoiffez,

MONSIEUR,

Votre très-humble & très-obéiffant ferviteur,

M. D. C..

P. S. Il me tombe en ce moment, fous la main, une lettre qui m'a été écrite, au fujet du dernier manufcrit de *Parapilla*, par fon Auteur, dans les derniers temps qu'il le travailloit. Je crois que vous devriez donner une place avant le Poëme, à cette pièce. Outre qu'elle ſerviroit à y répandre des lumières ; tout ce qui eſt de M B**, a droit d'intéreſſer.

LETTRE DE M. B**,

A M. M. D. C.

POURQUOI, Monſieur, déſavoue-
rois-je, vis-à-vis de vous, la plaiſanterie
intitulée : *Poëme*, dont vous me croyez
l'Auteur ? On n'a point de ſecrets pour
ceux qui aiment & ſont aimés comme
vous. Je vous confeſſerai donc, avec
franchiſſe, cette gaieté là, en attendant
que j'en faſſe d'autres.

Je ne vous cacherai point non plus,
la peine que j'ai reſſentie lorſque ce petit
Poëme a paru. Je connoiſſois ſes im-
perfections infinies ; jamais il n'eût été
imprimé, s'il ne m'eût pas été ravi.
A cette malice, l'on a ajouté celle de
le mettre au jour. Si le reſſentiment
alors s'empara de moi, je dois avouer
le plaiſir que m'a fait l'accueil du

Public pour cette bagatelle. Je compris qu'en la corrigeant, je lui procurerois un fuccès plus mérité ; je m'en fuis occupé, & je m'en occupe encore. Je mets toute mon attention à la copie que j'en fais, elle fixe tous mes foins ; je crois, avec fondement, qu'elle fera moins imparfaite que les précédentes : elle renfermera un grand nombre d'additions ; j'ofe affurer qu'elle en fera plus digne des regards du Public.

Vous n'êtes pas le premier de qui j'aie fubi des perfécutions, pour que j'explicaffe l'origine & le choix du mot *Parapilla*. C'eft un myftere nouveau que je ne veux point dévoiler au Lecteur ; mais pour les amis, il eft doux de leur confier fes fecrets. En voici l'hiftoire telle que je l'ai apprife dans mon voyage d'Italie :

Quefta era la formola convenuta, con cui una dilettante donzella avvertiva l'amante

l'amante di provedere al pericolo di fe-
condità nel punto in cui l'eſtaſi del diletto
toglie quaſi l'uſo della favella. „ *In quel*
„ *deliquio, diceva eſſa, non v'è parola*
„ *più facile a proferire.*

Cette anecdocte entra pour beaucoup dans le deſſein que je formai de verſifier ce petit conte, dont le ſujet, comme vous ſavez, eſt tiré d'un livre Italien, intitulé : *Il libro del Perchè.* Aux faits qu'il contient, j'en ai lié d'autres, & je les ai tous mis en ordre ; j'en ai enrichi les détails, je les ai multiplié même, & je peux dire de mon *Para-pilla,* qu'une grande partie de l'inven-tion m'appartient.

Ce ton du Poëme qui gaze l'obſcé-nité, n'eſt pas de l'auteur Italien, il nomme tout par ſon nom ; avec lui, un chou eſt un chou, & un — eſt un —. Je me ſuis fait un devoir de traiter le

B

fujet avec une extrême modeftie ; je
voulois que cet écrit ne fût point dé-
daigné par les prudes ; je crois qu'elles
pourront le lire en toute dévotion, fans
que leur délicateffe en fouffre. Je ne les
oublie pas dans l'occafion ; mais je penfe
fans ceffe à vous, & je défirerois pouvoir vous renouveller fans ceffe les
témoignages de l'attachement étroit &
fincere, avec lequel je fuis,

MONSIEUR,

Votre très-humble & très-obéiffant
ferviteur, B**.

Lyon, ce 19 Août 1780.

PLAN

DU POËME.

LE même Ecrivain (*) qui a raconté, d'une maniere si agréable, quel étoit le sujet de ce Poëme, nous en expliquera le plan.

„ Dans le premier chant, après l'exorde & l'invocation ordinaire, l'Auteur établit d'abord quel personnage étoit ce Rodric, à qui le ciel fit un si étrange présent. Suit l'apparition de Gabriël, la réponse & le pronostic déjà rapportés. Rodric, voyant la prédiction s'accomplir, s'en afflige ;

(*) L'Observateur Anglois. Voyez-en les citations déjà faites ci-devant, pag. viij, ix & x de la préface.

il avoit fondé l'efpoir de fa fubfiftance fur une autre plante, qui ne paroît point; & ne fe doutant pas de la fortune que lui feroit celle-ci, il fe croit fans reffource & fans efpérance; il invoque le fecours de l'efprit célefte, & Gabriel lui pardonne. Ce qui ne fembloit qu'une vengeance du féraphin, eft un de fes plus grands bienfaits.

„ On voit dans le fecond chant, comment le poffeffeur d'une fi belle plante fait fortune. Allégorie toute naturelle de ce qui eft arrivé à tant d'autres. C'eft une madame Capponi, veuve, & fe défolant de cet état, qui la premiere veut voir ce bijou. Elle fait appeller le marchand; elle apprend de lui, que le mot *Ah!* appelle, excite fes tendreffes, & qu'elles feroient éternelles , fi l'amante ne difoit elle - même ce mot *Parapilla.* Enfin , après avoir bien éprouvé l'inf- trument , la veuve l'achete. Elle avoit pour fœur une abbeffe , à qui elle avoue fa découverte. La nonain en eft cu- rieufe. Madame Capponi l'aime fi tendrement, qu'elle ne peut lui refufer de lui en faire part. Quoi qu'elle déclare que la chofe vienne d'un ange , la bonne religieufe ne peut fe perfuader que ce ne foit pas quelqu'outil du diable ; elle veut le voir , en effayer , en juger. Sa fœur confent à cette épreuve, envoie la caffette au monaf- tere „.

„ Au troifieme chant , on lit d'abord une defcription du couvent ; enfuite les divers exploits qu'y fait ce héros d'un nouveau genre „.

„ Un point hiſtorique ouvre le qua‑
trieme chant. Il eſt queſtion de la
rivalité des deux familles de Florence,
dont il réſulte la capture du tréſor
précieux. Le Barigel, devenu maître
de la caſſette, où il eſt renfermé,
avoit marié ce jour là ſa fille. *Par
un haſard unique*, l'épouſe inquiete,
attendant le ſoir avec impatience,
rodant de côté & d'autre, trouve le
coffret ; ce qui donne lieu à une troi‑
ſieme jouiſſance. L'amant qui lui la fait
éprouver ne lâche point priſe, il l'im‑
portune, & va juſqu'à la compromettre :
elle, ne ſachant comment le congédier,
court à l'égliſe en demander le ſecret
à Dieu. La ſoubrette de madame Cap‑
poni, inſtruite par le laquais de la
maniere dont il a perdu la caſſette,
eſt aux aguets pour la retrouver. A la

figure , elle découvre aifément qui eft poffédé de cet inftrument tenace. La beauté dont il s'étoit emparé , ignoroit abfolument le mot feul qui pourroit la fouftraire aux fureurs d'un amant d'une nouvelle efpece , & l'adreffe de la foubrette eft de le lui découvrir , & d'enlever foudain , par un *ah ! ah !* élancé fort à propos , le bijou vacant ,,.

,, Dans le cinquieme chant; Marton , (c'étoit le nom de la foubrette) ne peut fe laffer de faire l'exercice avec cet inftrument. Elle y vaque avec tant d'affiduité , qu'elle en perd fa place auprès de fa maîtreffe , & eft chaffée. D'abord elle s'embaraffe fort peu de ce congé , ayant avec elle fon confo= lateur ; mais enfin , elle tombe dans l'indigence. Ne fachant comment faire , elle fe réfout à vendre ce bijou. Elle trouve bientôt pour acquéreufe une certaine courtifane , nommée Lucrece , fille, & maîtreffe du St. Pere (Alexandre VI.) Glorieufe de fa conquête , celle-ci s'en retourne à Rome. Le dialogue de la maîtreffe de Borgia avec fon pere , & ce qui arrive de la jaloufie de celui-ci, conduifent à la fin de cette féerie charmante ,,.

,, L'Auteur finit fa narration par faire l'apothéofe de l'inftrument , & par le placer au ciel. C'eft la feule maniere dont on trouve dans l'empirée pouvoir apaifer les plaintes du Pontife. Enfin , le Poëme eft terminé par un avis relatif que l'Auteur donne aux jeunes filles.

PARAPILLA,

POËME,

EN CINQ CHANTS.

Musa vetat mori.

A

Le pain béni ne par meilleure main

PARAPILLA.

CHANT PREMIER.

ARGUMENT.

Exorde. Invocation. Homme à la mode, galant &
ruiné. Petite malice & grande bonté de l'ange
Gabriel. Belle expérience d'agriculture. Critiques
confondus. Incrédules baffoués.

D'AUTRES pourront chanter le Labarum,
Le Bouclier de l'amant d'Egérie,
Ou l'Oriflamme, ou le Palladium,
Ou des Rhémois l'Ampoule fi chérie ;
Préfents facrés, tous defcendus des cieux,
Des rois dévots merveilleufes étrennes.
  Je veux chanter un don plus précieux ;
Ce bijou-ci plairoit beaucoup aux reines :

A 2

Il est céleste, unique, plein d'attraits ;
Mais par malheur, sur les traces d'Astrée,
Il remonta là haut dans l'empirée :
Le ciel jaloux a repris ses bienfaits.

   Tendre Cypris, & vous, Minerve même,
Guidez mes chants, inspirez tous mes vers ;
Vous m'aiderez à charmer l'univers,
Et mon héros, par sa beauté suprême,
Tiendra sur lui vos yeux toujours ouverts.

   Grace à ma muse, émule de Virgile,
J'ai fait l'exorde, & c'est beaucoup, dit-on ;
Parler aux dieux n'est pas chose facile.
Or sus, ma lire, il faut baisser d'un ton.

   Jadis vivoit, dans les murs de Florence,
Un beau galant d'une haute naissance,
Nommé Rodric. Hélas ! trop généreux ;
Car de la blonde allant droit à la brune,
En beaux festins, cadeaux, plaisirs & jeux,
Il eut bientôt dissipé sa fortune.

   Que devenir en cette extrémité ?
Sage il devint, grace à l'adversité.
Fuyant la honte & bravant la misere,
L'infortuné, désormais se cachant
A tous les yeux, achete une chaumiere,
Et tout auprès, un petit bout de champ.
Là, tout pensif, sans valets ni servantes,

Il fend la terre, ayant parmi ses soins
Un peu d'humeur, on en auroit à moins.
   L'aurore ouvroit ses portes éclatantes,
Quand d'un air leste un beau jeune garçon
Vint l'aborder, & lui dit sans façon :
Hola, l'ami, sachons ce que tu plantes ?
Rodric, peu fait à ces tons élevés,
Lui répondit. C'est ce que vous savez.
Sexe enchanteur, ce ne sont pas ses termes,
Il se servit de mots un peu plus fermes,
Disant tout haut les choses par leur nom,
Que je tairai, si vous le trouvez bon.
Vous connoissez cette plante si belle ;
De vos beaux yeux un doux regard suffit :
Un seul regard, c'est le soleil pour elle.
   Mais reprenons le fil de mon récit.
Lorsque Rodric ayant martel en tête,
Eut proféré ce discours malhonnête,
Le beau garçon froidement répliqua :
» Vous en plantez, eh bien il en viendra. »
Soudain il fuit comme une ombre légère,
Et de son pied touche à peine la terre.
   Rodric alors resta pétrifié,
Lui qui parloit en tout temps comme un livre.
Avoir ainsi manqué de savoir vivre !
Brutalement avoir congédié,

A 3

O ciel ! & qui ? c'est un ange fans doute !
C'est Gabriel, de la célefte voûte,
Exprès pour lui defcendu par pitié.
Un tel foupçon n'a rien de fort étrange ;
Durant le cours de fes goûts libertins,
Toujours Rodric honora ce cher ange,
Beau meffager du maître des deftins ;
Car à Florence on brûle plus de cierges
Aux chérubins qu'aux onze mille vierges :
Informez-vous, chacun vous le dira.

Mais qu'il gémit & fe défefpéra !
Si de l'effet la menace eft fuivie,
Plus de reffource, & comment fe nourrir ?
Pauvre Rodric, tu n'as plus qu'à mourir !

L'aftre du jour, durant cette élégie,
De fes rayons prodiguant les bienfaits,
Lançoit par-tout le bonheur & la vie.
Dans les vergers, à l'ombre des bofquets,
On voit les fleurs & les nymphes fourire ;
Amour voltige, émule de zéphyre ;
Dans tous les cœurs circule un feu divin :
La jeune Eglé fent palpiter fon fein ;
Eglé rougit, & regarde Tityre.

Et cependant Rodric eft aux aguets,
Seul malheureux, l'œil penché vers la terre,
Quant tout-à-coup fur fes triftes guérets,

S'éleve & croît la moisson de Cythere.

Fille qui trouve un aspic à ses pieds,
En folâtrant sous la verte feuillée,
De plus d'effroi n'a point l'ame troublée.
Las ! tous pécheurs sont enfin châtiés.
Rodric puni, se signe, s'agenouille ;
De pleurs amers son visage se mouille.
Ecoutez bien, mortels, instruisez-vous.

Le Gabriel est né plaisant, mais doux ;
Il pardonna. Les ailes étendues,
Je l'apperçois, qui d'un air triomphant,
Paré de pourpre, & porté sur les nues,
Dit à Rodric : » calme-toi, mon enfant ;
» Lorsque le ciel fit naître ce prodige,
» Il t'éprouvoit : prends la plus belle tige ;
» Vas, cours la vendre, & ta main recevra
» Vingt mille écus ; c'est le prix, & pour cause ;
» Car aussitôt que l'on verra la chose,
» Femme ni fille alors ne manquera
» De s'étonner, & de s'écrier : ha !
» Or, dans l'instant la divine merveille,
» Chez celle-là qui poussera ce cri,
» S'introduira, mais non pas par l'oreille,
» Et là, sans cesse à son cœur attendri,
» Inspirera la volupté suprême ;
» Charme immortel, si l'amante elle-même,

» Ne dit enfin ce mot Parapilla.
» Adieu, je pars, retiens bien tout cela. »
L'ange s'envole, & Rodric s'humilie.

Il s'en va donc cueillir le fruit de vie,
Dans l'humble ofier lui dreffe un lit de fleurs,
Bien afforti des plus riches couleurs,
Le tout couvert de belle mouffeline ;
Le pain bénit n'a pas meilleure mine.
Quant au furplus des fruits de ce jardin,
Flore en gémit : tout difparut foudain.

Le bon Rodric cependant s'achemine
Vers ces beaux lieux où près du trône affis,
Le goût s'éleve, enfant des Médicis ;
Tout s'embellit fous leurs mains fouveraines.
Nobles tyrans & modeles des rois,
Les mufes même avoient dicté leurs loix,
Et leurs palais font l'afile d'Athenes.

Avec ardeur Rodric hâte fes pas,
Et le voilà s'écriant : » fille ou veuve,
» Qui veut le voir ? on le donne à l'épreuve, »
Nommant l'objet, & vantant fes appas,
Sans quoi les gens ne devineroient pas ;
Car, fi j'en crois nos favants coriphées,
Grands efpions de la terre & du ciel,
Interrogez nymphes, fybilles, fées,
On ne vit onc un phénomene tel.

Contes en l'air, me diront cent critiques :
Tant pis pour eux ; c'eſt un homme de bien
Qui nous tranſmit tous ces faits authentiques ;
Si l'on en doute, on ne croira plus rien.
Gens indévots, doɹteurs en épigrammes,
Exercez-vous, j'en prends peu de ſouci.
Moi, je ſuis ſimple, & c'eſt aux bonnes ames
Que je veux plaire en écrivant ceci.

Or, préparez une oreille attentive.
O Gabriel ! ſur tes ailes de feu,
Soutiens ma muſe, elle eſt foible & craintive ;
Mais avant tout, que je reſpire un peu.

mon cher monsieur, voulez-vous que j'entre?

CHANT SECOND.

ARGUMENT.

Digreſſion judicieuſe ſur les rêveries philoſophiques.
Madame Capponi à ſa toilette. Arrivée du héros.
Première entrevue, & connoiſſance bientôt faite.
Viſite à l'abbeſſe. Bonne nuit. Réveil fâcheux.

FILLE du ciel, douce philoſophie,
Combien de fous t'abreuvant de poiſon,
Et des François corrompant le génie,
Ont en Mégere habillé la raiſon !
Timon ſe leve ; il dit d'un ton ſublime :
L'homme eſt charmant ſitôt qu'il s'abrutit,
Et tous les ſots reçoivent pour maxime
Qu'il fait grand jour dès l'inſtant qu'il fait nuit.
Ainſi bravant la ſageſſe éternelle,
Qui nous traça les routes du bonheur,
L'homme inſenſé ſe crut plus ſage qu'elle ;
Et qu'a produit cette ſombre fureur ?
Triſte & farouche on dédaigne la vie ;
Le ſuicide a ſouillé ma patrie ;
De noirs forfaits remplacent le plaiſir :

On trembleroit de careffer les graces !
Le fanatifme eft errant fur nos traces ;
La gaité fuit, & je cours la faifir.

A l'heure même étoit à fa toilette,
Bien triftement madame Capponi,
Aux grands yeux noirs, belle, riche, difcrete,
Veuve, croyant que le monde a fini,
Et de fon fort affez mal fatisfaite.
Le crieur paffe, & certain fon qui plait,
Frappe la dame, & la trompe peut-être.
» Marton, dit-elle, allez à la fenêtre ;
» Prêtez l'oreille, & fachez ce que c'eft.

Marton revient : le trouble, le vertige
Bouleverfoient tous fes fens agités :
» C'eft un marchand, un forcier, un prodige ; —
» Mais que vend-il ? — Ce que vous regrettez.
La dame dit : faites venir cet homme :
Quoi ! l'appeller ! — Oui, fans doute, à l'inftant,
Et cherchez bien. De Paris jufqu'à Rome,
Tout autre qu'elle en auroit fait autant ;
Car en eft-il qui ne foit curieufe ?
Eve, Pfyché, Pandore eurent leur tour ;
Et telle ici qui fait la précieufe,
A fon marchand qu'elle voit chaque jour.

Rodric vint donc ; il fit fa révérence,
Ota le voile, & le tout fe paffa

Comme on a vu que l'ange l'annonça.

Figurez-vous, en pareille occurence,
Le trouble vif, le fier saisissement
D'une beauté qui se voit envahie,
Et sans respect ainsi prise à partie ;
Et néanmoins le premier mouvement
Si naturel, fut de jouir, se taire,
Se résigner, soupirant de grand cœur,
Et des deux mains, par excès de pudeur,
Cachant ses yeux. Le second, tout contraire,
Fut de bannir, hélas ! le téméraire :
Mais vains projets & nouvel embarras ;
Vous savez bien qu'il n'obéira pas.
» Mon cher monsieur, voulez-vous que j'expire? --
» Eh bien, Madame, en ce cas daignez dire
Parapilla. — Qui, moi? Comment ... si ... mais...
Elle frissonne, & ne dira jamais
Ce vilain mot. La charmante hypocrite
Gagnoit ainsi du temps & du plaisir ;
Et ce ne fut qu'avec un grand soupir
Qu'elle lâcha la parole susdite.

L'esprit malin a déjà pris la fuite :
Parmi les fleurs, prompt à se recueillir,
Il ressembloit à l'amour qui sommeille.
Confuse, hélas ! elle sentit son tort :
Ha ! s'échappa de sa bouche vermeille ;

A ce signal il vole avec transport :
Que ne peut point un procédé si tendre ?
Ce cher ami déjà ressuscité !
Parapilla se fait long-temps attendre ;
L'essai charmant vingt fois est répété,
Précaution que prend toujours le sage,
S'il veut à fond savoir la vérité.

Je n'en dirai sur ce point davantage ;
J'en ai trop dit peut-être ; mais enfin
Vous connoissez ce pauvre genre humain ;
Pour peu qu'un fait soit hors de leur portée,
Un grave sot, une tête éventée
Vous traiteront de menteur ou de fou,
Si l'on ne dit comment, pourquoi, par où.

Pour terminer, la dame bien instruite,
Bien exercée, acheta le bijou,
Sans disputer sur la valeur prescrite.
Le cher Rodric eut ses vingt mille écus ;
C'étoit alors une assez forte somme,
Qui suffisoit pour vivre en honnête homme.
Il est heureux, que voulez-vous de plus ?

Mais d'un héros plus touchant & plus rare,
Le beau destin doit vous être conté ;
Jamais trésor ne fut, par un avare,
Gardé si bien, si souvent visité.
Dans un coffret de structure élégante,

A double clefs il eſt mis au ſecret ;
Même Marton, diſcrete confidente,
Ne le vit plus, quoiqu'à ſon grand regret.
La dame, hélas ! toujours ſe ſéqueſtroit,
Dirai-je ſeule, ou bien en tête en tête ?
Ne ſe laſſant d'éprouver ſa conquête,
Examinant cette propriété,
D'aller, venir toujours à volonté ;
Talent ſublime & vertu ſouveraine,
Que n'eut jamais pour princeſſe ou pour reine
Aucun amant, tant ſoumis ait été.

Ainſi paſſa le cours d'une ſemaine :
La noble dame, en des loiſirs ſi doux,
Ne regrettoit au monde ame qui vive ;
Plus de viſite active ni paſſive ;
Tout le quartier étoit fort en courroux.
C'eſt une énigme : eſt-elle folle ou morte ?
Chacun s'épuiſe en propos ſuperflus.
Pauvre public ! on couroit à ſa porte :
» Que fait la veuve ? Elle ne l'étoit plus.

Notre héroïne eut une ſœur abbeſſe,
Que chaque jour, avant ce cas preſſant,
Elle alloit voir par excès de tendreſſe.
De la nonnain peignez-vous la détreſſe :
Huit mortels jours ont duré comme cent.
Chaque matin un billet de reproche,

De défefpoir. Son trépas eft fi proche,
Que fans tarder, l'autre enfin fe réfoud,
Vole au parloir : la fcene fut touchante,
La dame foible, & la nonne exigeante ;
De point en point on lui raconta tout.
Peut-on mentir, hélas ! à ce qu'on aime ?
Oferez-vous cacher votre bonheur
A qui le doit fentir comme vous-même ?
  L'abbeffe avoit un grand fond de pudeur ;
Elle frémit ; car l'outil diabolique
Fut fûrement formé par art magique.
Oh ! non, dit l'autre, il eft venu du ciel,
C'eft un bienfait de l'ange Gabriel ;
Prouvant ce point d'une façon très-claire.
» S'il eft ainfi, prêtez-le moi, ma chere,
» J'aurai bientôt connu la vérité ;
» Si, dans le fait, c'eft un fruit de la grace,
» Que parmi nous on appelle efficace,
» Il ne fauroit bleffer la pureté :
» Mais pardonnez à ce cœur agité
» Qui doute & craint ; il s'agit de votre ame.
  Au nom du ciel, au nom de la vertu,
Tant fut enfin requis & débattu,
Qu'il faut permettre un foin qu'elle réclame.
  Le lendemain, de crainte d'accident,
Un ferviteur, & fidele & prudent,

Doit

Doit apporter la divine caffette ;
Un autre, à part, des clefs fera chargé,
Et le retour eft de même arrangé ;
Le tout enfin, fitôt l'épreuve faite,
Fidellement fera rendu le foir.
» Adieu, ma fœur, adieu jufqu'au revoir.

La dame alors revient en diligence,
Le cœur ferré, pleurant fon imprudence,
Et maudiffant ce funefte projet.
Qu'a-t-elle dit ? ô ciel ! qu'a-t-elle fait ?
Comment, hélas ! fupporter cette abfence ?
Et cependant il s'agit d'un feul jour !
Ah ! c'eft un fiecle : ainfi compte l'amour.

Vous concevez que la nuit fut fort tendre ;
On n'entendit que le bruit des foupirs,
Tous précédés ou fuivis des plaifirs.
Un doux repos vint enfin le fufpendre ;
Mais quel réveil ! quels troubles ! quels moments !
Le cœur, fans doute, a fes preffentiments.
Ah ! c'eft fa faute, elle fut trop peu fage,
Trop confiante, & connut mal le prix
D'un tendre amant que l'on tient au logis,
Point indifcret, & fur-tout point volage,
Dont nul voifin ne difoit : » le voilà,
Et qui, charmé de fon doux hermitage,
Quand on vouloit, fe trouvoit toujours là.

B

Mais à fa fœur elle a promis ce gage ;
L'heure s'envole, ainfi que les amours.
Adieu, dit-elle; & de l'œil & du gefte,
Le careffant en perfonne modefte,
Elle l'enferme; il part, & pour toujours.

CHANT TROISIEME.

ARGUMENT.

Le héros se rend au monastere. Grand exorcisme.
Triomphe plus facile qu'on ne l'auroit cru.
Etourderie de l'abbesse. Tableau de bataille, &
victoire complette.

MES chers amis, faites treve à vos larmes ;
Si notre veuve a beaucoup de souci ,
Elle eut huit jours de plaisir, Dieu merci ,
Sans nulle pause. En ce séjour d'alarmes ,
C'est un bon lot. Hélas ! tout nous apprend
Que le bonheur est chose fugitive ;
D'un pied boiteux jusqu'à nous il arrive ,
Se montre à peine, & s'échappe en courant.
   Mais j'apperçois les murs de l'abbaye ,
Vaste édifice où les Brunelleschis
Et les Sartos, par cent travaux exquis ,
Ont de leur art épuisé le génie ;
L'azur & l'or y mêlent leurs couleurs.
Là , dans le sein de la magnificence ,
L'oisiveté, par des vœux imposteurs ,
Se vante encor d'embrasser l'indigence ;

La chasteté s'y garde comme ailleurs :
C'est un serrail de sultanes jalouses,
Et qui par fois, pour charmer leur ennui,
D'un même Dieu se disant les épouses,
Font des enfants qui ne sont pas de lui.
Pour mon héros c'est l'isle de Cythere :
Que l'aumônier va languir aujourd'hui !

Le saint dépôt arrive au monastere :
L'oreille au guet, le regard en dessous,
L'abbesse est là marmottant sa priere.
» Donnez, donnez, dit-elle à sa touriere ;
» Hélas ! ma sœur, c'est un fardeau bien doux :
Et la voilà qui court à sa cellule,
A deux genoux invoquant sainte Ursule ;
On mit le tout sur un petit autel ;
Puis procédant en forme à l'exorcisme,
Elle s'arma du sacré rituel,
Lut à voix haute, & fit maint solécisme,
Sans que jamais Belzébuth, Astaroth,
A son latin répondissent un mot.

» Dieu soit loué, dit-elle, je suis sûre
» Qu'il n'est point là de démons mal-faisants ;
» La chose vient du ciel même en droiture ;
» Le doigt divin se trouve là dedans.

En ce moment les clefs lui sont remises ;
Elle ouvre & crie en toute humilité.

Peindrai-je ici les nobles entreprifes
Du fier vainqueur & fon activité,
Lorfqu'il franchit de plein faut les obftacles,
Gages certains de la virginité !
Point ne faifons de femblables miracles,
Foibles mortels ! La nonne foupira,
Et commençoit à prononcer Para…
Mais s'arrêtant fur la foi des oracles,
Elle s'écrie : » ô ciel ! foyez béni.

Comme elle eft chafte, il faut beaucoup de gazes.
Abrégeons donc : la dame Capponi
Eut des tranfports ; l'abbeffe a des extafes.
Il eft certain qu'elle vit plufieurs fois
Le paradis, tout comme je vous vois.

Hélas ! parmi fes tendres litanies,
Elle oublia d'aller fiéger au chœur,
Où l'on chantoit les vêpres & complies,
Et ce point feul caufa tout le malheur.
Madame, en tout, donnoit le bon exemple,
Et fe montroit fort affidue au temple.
» Par quel motif n'avoir pas affifté ?

Toutes les fœurs, fitôt après l'office,
Courent en hâte, & profeffe & novice,
Pour s'informer de fa chere fanté.
Déjà près d'elle arrivent les premieres,
D'un pied difpos, deux des plus familieres.

Quoi ! direz-vous, la porte à double tour
N'étoit pas close ? Hélas ! non, je l'avoue,
Et le démon qui des filles se joue,
A sa mémoire a fait ce mauvais tour,
Ou Gabriel ; car on ne sait qu'en croire :
Quoi qu'il en soit, c'est un fait avéré.

   Or, écoutez la suite de l'histoire.
Dans le moment que le couple est entré,
Sur ses lauriers se reposoit l'abbesse,
Et n'allez pas la taxer de paresse.
Aux champs de Mars, aux bosquets de Cypris,
La gloire coûte, & coûte trop peut-être,
Et c'est toujours en prodiguant son être,
Qu'un grand courage a disputé le prix.

   Vous jugez bien, sans que je vous le dise,
Qu'alors la chose à l'écart étoit mise ;
Même la boëte, asile du phénix,
Etoit ouverte aux pieds du crucifix.
Agnès approche, & se signe & s'écrie ;
A ses genoux l'enchanteur a volé.
Jeune imprudente, hélas ! l'esprit troublé,
Les yeux en pleurs, d'une voix attendrie,
Elle imploroit son ange gardien :
L'abbesse dit que tout est pour son bien ;
Mais vainement & pour la faire taire,
Car à ses cris tout le monde accouroit ;

Il fallut bien révéler le myftere,
Et les deux mots par qui tout s'opéroit,
Dont l'autre fœur, moins novice à Cythere,
En fouriant, dans fon cœur s'applaudit.

Le mot fatal par Agnès étant dit,
Le raviffeur s'échappe avec furie.
Sœur Magdelon qui craint peu le viol,
Le couche en joue, & l'arrête en fon vol;
L'oifeau s abat, elle fe l'approprie.

Et cependant interrogeant Agnès,
Les fœurs en foule, autour d'elle empreffées,
De Gabriel ont appris les fecrets :
Le doute encore agitoit leurs penfées;
Mais contemplant la grace, la valeur
De Magdelon, & la fplendeur nouvelle,
Qui dans fes yeux tout-à-coup étincelle,
On s'écria : » c'eft l'œuvre du Seigneur.
Jour fortuné ! jamais dans leur églife,
Prodige aucun ne fut plus à leur guife.
Au don du ciel toutes prétendent part,
Toutes l'auront, & fans autre retard,
Ou c'étoit fait du vœu d'obéiffance.
L'ordre eft donné, les fœurs font en filence,
A deux genoux, & l'abbeffe commence.

Vous avez vu dans le faint temps pafchal,
Un confeffeur affis au tribunal;

A droite, à gauche, un essaim de femelles
Est à l'affut, avançant pas à pas,
L'une après l'autre, & si l'une d'entre elles
Est trop long-temps à débrouiller son cas,
C'est un murmure : » elle ne finit pas !
» Quoi ! tout le jour il faudra se morfondre ! »
   Tel des nonnains étoit l'empressement,
Plus grand cent fois, j'ose vous en répondre.
Parapilla se hâtoit lentement :
A chaque fois, c'est un zele si tendre,
De cris nombreux un concours si plaintif,
Que franchement, & bien qu'expéditif,
Le directeur ne sait auquel entendre.
   Plusieurs disoient leur *Benedicite*
En attendant ; d'autres, *Veni Sancte.*
Un beau spectacle étoit la sous-prieure,
Se recueillant en fille intérieure,
Et soumettant sa chair à l'Eternel.
L'instant d'après, une autre moins docile,
Pleine du Dieu, n'ayant rien de mortel,
Se débattoit ainsi que la sybille :
Laure s'enfuit avec le trait fatal ;
La mere Alix pensa se trouver mal :
Il est trop vrai que ses forces succombent,
Son œil se ferme, & ses lunettes tombent.
Sœur Magdelon, déjà faite au péril,

Tint fort long-temps le galant en fouriere ;
On chuchotoit : » où le miracle eſt-il ? »
    Enfin l'athlete accomplit ſa carriere ;
Mais ce ne fut qu'après un long combat,
Bien diſputé, bien digne de mémoire ;
Puis on entonne un beau *Magnificat.*
Tort ou raiſon, les ſœurs chantoient victoire ;
Et ce qui doit charmer tout bon chrétien,
Trente bleſſés ont le plus fier maintien,
Et vont gaiment ſouper au réfectoire.
    Mais ſavez-vous, lecteur, l'heure qu'il eſt ?
Minuit ſonné. Depuis la nuit tombante,
Un eſtaffier là bas eſt en arrêt,
Qui crie & peſte, & jure & ſe lamente :
L'abbeſſe enfin lui porte le coffret ;
Le drôle part, & s'en va comme un trait.

et dans ses bras gabriel a souri.

CHANT QUATRIEME.

ARGUMENT.

*Moralité du poëme. Mariage. Accident imprévu.
Bonheur inoui sur la terre. Origine de l'art de
faire des mines. Le Barigel meurt. Crise funeste.
Courage & résignation de Florise. Escroquerie.*

RIEN ne me charme autant que la morale,
Noble aliment fait pour l'esprit humain ;
Voilà pourquoi ce poëme en est plein :
Malheur pourtant à celui qui l'étale
Sans la parer, sans la couvrir de fleurs,
Car il fera bâiller tous les lecteurs.
L'ame est rebelle aussitôt qu'on l'ennuie ;
Massillon même a la coquetterie,
Et Fénélon daigna peindre Eucharis :
Que si je trace aux belles de Paris,
Des voluptés si dignes des Houris,
Esprits fâcheux, & censeurs téméraires,
Quel est mon but ? cela ne doit-il pas
Les détacher des choses d'ici-bas ?
Chérira-t-on de semblables miseres ?

Que fommes-nous, fragiles féducteurs ?
Hélas ! vaincus auffitôt que vainqueurs.
    En ce temps là, vous faurez que la ville
Fut divifée, & qu'on femoit des bruits
Qui faifoient craindre une guerre civile.
Le Barigel rodoit toutes les nuits :
Il rencontra, cheminant dans la rue,
L'homme au coffret. Comme l'heure eft indue,
Il le faifit, & lui tordant le bras :
» Arrête là ; dis-moi ce que tu portes. —
» Je n'en fais rien. — La clef. — Je ne l'ai pas —
» Allons, coquin, au cachot de ce pas.
L'autre entendant ces paroles accortes,
Jette la boëte, objet du démêlé,
Et court & fuit, & revient tout en larmes,
Tremblant, honteux, difant : on m'a volé.
Mais la caffette, objet de tant d'alarmes,
Quel noir démon, ou quel arrêt du ciel
L'a fait tomber aux mains d'un Barigel ?
    Seul au retour, il ouvrit fa capture,
Non fans fourire, & vraiment citoyen,
Comme en ceci l'état ne rifque rien,
Il laiffe là le tout à l'aventure ;
Entre deux draps il fe met promptement,
Et bâille & ronfle, & dort profondément.
    Ce jour là même, avec pompe à l'églife,

Les ris, les jeux efcorterent Florife :
C'étoit fa fille. Au ferment nuptial,
Bientôt après fuccede un long régal :
Buvant, riant, lâchant mainte fottife,
Chacun prédit le bonheur des conjoints :
C'eft fort bien fait ; mais gare les adjoints.

En nous chargeant d'une chaîne fi dure,
Avons-nous donc confulté la nature ?
Il eut le front armé d'un triple acier,
Le trifte fat, le pédant imbécille,
Qui de ce joug s'avifa le premier,
Et du plaifir fit un tribut fervile.
Se condamner à fe plaire toujours !
Captive-t-on les graces, les amours ?
Dieux du bonheur, n'avez-vous pas des ailes ?
Hymen fe trompe, il en fait des rebelles.
A peine heureux, tyran fombre & jaloux,
Comme un vautour, le foupçon le déchire ;
Il eft puni, l'amant tombe aux genoux
De la beauté, craint, efpere & défire.
Pour elle enfin fe leve un nouveau jour ;
Timide efclave, elle regne à fon tour.
Gloire, plaifirs, fentiment, tout l'attire :
Ces doux inftants, par l'hymen avilis,
Que feront-ils par l'amour embellis !
L'amour vainqueur, & foumis & fidele :

Un dieu l'implore .... elle peut réfifter ;
Vous le croyez ! .... Mais c'eft trop m'écarter
De mon fujet : Gabriel m'y rappelle.

Vous faurez donc qu'au fortir du feftin,
La mariée a quitté la cohue,
Rêveufe, errante, & l'efprit incertain,
En attendant que la nuit foit venue.
Loin du tumulte, un réduit écarté,
Offre un afile où fa pudeur refpire :
Sur un fopha la victime foupire ;
Son cœur appelle, & craint la volupté.

Mais quoi ! de loin fon époux l'a fuivie ;
Impatient de fignaler fes feux,
Il vient, il vole, & contemplant ces yeux,
Ces yeux mourants, d'où dépendoit fa vie,
Timide & tendre, il a baifé la main ;
Plus téméraire, il a preffé le fein :
Bientôt la bouche eut auffi fon hommage,
Et dans l'inftant, deux beaux bras étendus,
Autour de lui font un doux affemblage,
Et pour un feul, vingt baifers font rendus.

O du bonheur, charmant préliminaire !
Hymen, amour, comme il bénit fon fort !
De cent faveurs il vole à la derniere ;
C'eft le vaiffeau qui va peu au port.
Ah ! laiffez-moi, dit Floris alarmée ;

Pourquoi ces foins tardifs & fuperflus ?
Sans doute, hélas ! il m'eft doux d'être aimée ;
Mais en honneur, je ne puis rien de plus.
  Elle dit vrai. S'il faut ne vous rien taire,
Rappellez-vous notre charmant reclus,
Car c'eft lui feul qui produit ce myftere.
Il étoit là : Florife a fait un cri,
Et dans les airs Gabriel a fouri.
Quant à l'époux, interrogeant la belle,
Calculant tout, & raifonnant très-bien,
Vous comprenez qu'il n'y comprenoit rien.
  Le voilà donc ce Sigisbé fidele,
Plus affidu que tous ceux de nos jours ;
Parapilla ne trouble plus fon zele :
Concevez-vous cet heureux mot : toujours ?
Quoi ! nulle treve en cette douce guerre !
Une mortelle ! un triomphe fi beau !
L'Olympe enfin defcendu fur la terre !
C'eft bien le cas de brifer mon pinceau,
Et ne croyez qu'elle fit la farouche :
A fon amant, à fes foins empreffés,
Si quelquefois elle a dit : c'eft affez,
Jamais c'eft trop n'eft forti de fa bouche.
Heureufe alors, & cachant ce beau feu,
Non fans mêler à fes graces divines,
Un nouveau charme, & même quelques mines :

Art qui depuis a fleuri, grace à Dieu.

Mais n'allez pas fur ce tableau, Mefdames,
Imprudemment trop attacher vos ames;
Du plus grand bien, il ne nous faut qu'un peu :
Elle adoroit, elle brifa fa chaîne.

Ce fut un jour que fon pere mourut.
Parents, amis, voifins, tout accourut :
Ha ! difoit-elle en fa douleur foudaine,
Et répété fans ceffe à tout propos :
C'eft le feul mot qui foulage fa peine.
Comme Zéphyre errant près des ruiffeaux,
Hâte leurs cours de fon aile légere,
Tels ces accents fi chéris du héros,
N'en doutez pas, l'encourageoient à plaire.

Senfibles cœurs, vous l'honneur de Paphos,
Vous le favez, il eft certains preftos
Si triomphants ! celui-là fut fi lefte,
Que fur un ton d'ufage en pareil cas,
Florife dit : » arrête, arrête, hélas !
Sa voix expire, & fon œil eft célefte.

Un tel prodige en préfence de tous !
Bonheur perfide & volupté funefte !
Avec tranfport lorgnoient de jeunes fous :
Plus loin frémit & gronde une bégueule ;
De fouvenir s'attendrit une aïeule,
Les fots rioient, & le croyoient plaifants.

Que

Que vous dirai-je ! ô vertu plus qu'humaine !
Florise vole à l'églife prochaine.
Là, profternée, » hélas ! cieux bienfaifants !
S'écria-t-elle, » à ces fombres demeures
» Rendez la paix. Obfervez que fes heures,
Tout auprès d'elle étoient à l'abandon,
Lorfque foudain, à l'heure du pardon
Les reprenant, incertaine, égarée,
En lettres d'or, de feftons enlacé,
Elle y trouva cet oracle tracé :
» Le ciel le veut, telle eft la loi facrée ;
» Cede, obéis, & dis : Parapilla.
Un Dieu, fans doute, & l'éclaire & l'anime.
Le mot fut dit ; le héros s'exila.
Mais qui de vous ne plaindra la victime !

» C'en eft donc fait ! dit-elle avec langueur ;
» Quoi ! je n'ai plus qu'un défert & mon cœur !
Le jour, la nuit, tout peint à fa mémoire
Le fugitif ; tout trahit fes regrets,
Et fon courage & fes fens indifcrets.
Bien qu'elle accorde une prompte victoire,
Que fans relâche, ivres de tant d'appas,
Quelques amants renaiffent dans fes bras,
Toujours pleurant les beaux jours de fa gloire,
L'enfant gâté dit qu'on ne l'aime pas.
Mais du héros, en ce moment de crife,

Quel fut le fort ? L'oracle, d'où vient-il ?
S'agenouillant à côté de Florife,
C'étoit Marton qui fit ce tour fubtil.
Du fot valet que la peur mit en fuite,
Elle fut tout, en devina la fuite,
Forma fon plan ; & tandis qu'à part foi,
Non fans chagrin, l'autre cede à la loi,
Le mot du guet, placé jufte en mefure,
A fon défir a fini l'aventure.

    Or, fi ma mufe a triftement chanté
Cette Florife un peu trop exemplaire,
J'en fais excufe à la poftérité ;
Mais la pudeur peut-elle ne pas plaire ?
Du grave au doux nous paffons tour-à-tour :
Dans fon fommeil on aime encore Homere,
Et l'ombre enchante au milieu d'un beau jour.

Je n'ai donc plus les clefs du paradis.

CHANT CINQUIEME.

ARGUMENT.

Considérations sur l'égalité naturelle. Marton au comble de ses vœux. Dures extrémités. Résolutions héroïques. Joli voyage de Rome. Etonnement du pape. Plaidoyer dans le ciel. Nouveau système sur les cometes. Avis aux jeunes filles.

QUELQUES lecteurs pourront trouver étrange,
Qu'interrompant de si nobles travaux,
Une soubrette occupe mon héros ;
Mais ce poëme est dicté par un ange.
Aux yeux du ciel, le chêne & le roseau,
Le grain de sable & le plus beau joyau,
Tout est égal. Les charmes, la tendresse,
Sont-ils un don de la seule richesse ?
Oh ! qu'on se plait par fois à déroger !
Apollon même est devenu berger,
Et plus d'un Duc en conte à la suivante.

Notre Marton étoit fort avenante,
Et Gabriel qui la chérit beaucoup,
A tout conduit. Dès qu'elle eut fait son coup,

Droit au logis retourna la donzelle,
A petit pas, tremblant que son captif
Ne fût tenté de prendre congé d'elle,
Et ne lui fit un affront positif.
Comme un filou, qui d'une main adroite,
Vient de voler un bijou précieux,
Cachant son trouble, observe à gauche, à droite,
L'air affairé, redoutant tous les yeux,
Ainsi Marton a regagné sa porte.
Dans son réduit, toute seule au retour,
Sachons comment la belle se comporte;
Vous y verrez tout ce que peut l'amour.

Souvenez-vous qu'à la premiere vue,
Le noble objet eut son affection;
Depuis ce jour c'est une passion
Que le dépit & l'absence ont accrue,
Et par degrés au comble parvenue.
Amour alors devient un autre Mars.
Notre héros courut bien des hasards;
Si du destin la main toute-puissante
N'eût opposé son décret absolu,
Une mortelle eût été triomphante;
Mais vous savez qu'il ne l'a pas voulu.

Bientôt Marton, à sa triste maîtresse,
Avec usure a rendu tous ses torts:
Seule à son tour, livrée à ses transports,

De fix laquais l'importune tendreffe
Gémit en vain : la belle & fes appas,
Ne fe font voir qu'à l'heure du repas ;
Et lorfqu'il faut paroître à la toilette,
Humeur, ennui, négligence complette.

La Capponi lui dit un beau matin :
» Vous me manquez, vous fortirez foudain.
Sans nul regret, Marton & compagnie
Ont pris congé : tous deux *incognito*,
Ne fe laffant de leur charmant *duo*,
Vont occuper une chambre garnie,
Ne voyant qu'eux dans ce vafte univers,
Et fort contents d'avoir brifé leurs fers.

Amour, amour, quel eft donc ton délire !
Sapho périt, & Diane foupire :
Mais fans citer les Grecs ni les Latins,
Que de Laïs follement adorées,
Et fe jouant de l'or des publicains,
Dans un taudis déformais ignorées,
Ont tout perdu pour des caprices vains !
Marton, fans doute, a fort peu de prudence :
La pauvre enfant ! fon fonds eft bien petit ;
Ce doux régime augmente l'appétit.
Bientôt, hélas ! plus d'or, plus d'efpérance :
Sur fon beau fein des larmes ont coulé.
Jouet des vents & du ciel en furie,

Comme par fois, fur fon axe ébranlé,
La girouette inceffamment varie,
Ainfi flottoit en ce choc orageux,
Son cœur pouffé par de contraires vœux.

Que faire enfin ? les extrêmes fe touchent ;
La faim, la foif tellement l'effarouchent....
» Allons, dit-elle, & fans plus différer,
» Il le faut donc, il faut s'en féparer.
» Mais perdre, hélas ! de fi rares careffes !
» Et quel moyen de confoler mes fens,
» De remplacer d'éternelles tendreffes !
» Eh bien ! j'aurai, s'il le faut, dix amants :
» Les grands malheurs font les grands fentiments.

Fort à propos dans la maifon voifine,
Lucrece alors avec trente valets,
En grand fracas vint loger fes attraits :
Marton préfente à la jeune héroïne
L'amant célefte, & l'accord fe conclut
En quatre mots, fans billet ni cédule ;
Bref, elle obtint le prix qu'elle voulut,
Et fans délai, croyez qu'avec fcrupule,
Comme il convient, fon vœu fut acquitté.

Mais que l'on doit d'eftime à cette belle,
Qui veut orner de telle rareté
Son cabinet d'hiftoire naturelle !
Qu'elle a de goût & de fagacité !

Or, apprenez que c'eft une princeffe,
Fille du pape, & de plus fa maîtreffe.
　Alors fiégeoit le fameux Borgia,
Du doux Jefus terrible grand-vicaire,
Haï de Rome, & chéri dans Cythere ;
Comme l'on fait, chantant *alleluia*,
Et célébrant plus fouvent que la meffe ,
Le cas joyeux dans les bras de Lucrece :
Nul n'a jamais violé celle-ci ;
A Tarquin même elle eût dit : grand merci.
　Nous avons vu comme quoi dans Florence,
Ce cœur fi grand pourvut avec prudence
A fon bonheur ; enfuite elle revint
Devers le Tibre, auprès du pere faint.
L'ami fecret, n'en foyez point en doute,
Suivoit fes pas, & d'abord fur la route,
Il l'amufa par des foins tous nouveaux.
Si vous favez tant foit peu de phyfique,
Fort aifément ce myftere s'explique ;
Elle treffaille aux plus légers cahos.
La carroffée étoit toute en alarmes ;
» Hélas ! bon Dieu ! dit fa dame d'honneur,
» Vous plairoit-il ce flacon d'eau des carmes ?
» Depuis quand donc avez-vous tant de peur ?
» Ah ! difoit l'autre, elle va jufqu'au cœur.
　Vous dont le luxe amollit le courage,

C 4

Sur vingt carreaux, vous, belles de notre âge,
Qui languiffez dans le fein du bonheur,
Le croirez-vous ? Immortelle entreprife,
Elle ofa bien, en une telle crife,
Du Cyminus, du haut Fiafconé,
Braver les rois, les profondes ravines,
Et les torrents roulants fur des ruines ;
Tout retentit à fon cœur étonné :
Cent fois peut-être on la crut expirante.
O temps ! ô mœurs ! incomparable amante !
Si quelquefois le péril difparoît,
Elle fourit, & l'amour admiroit.

    Mais quoi ! déjà, peu loin du Capitole,
Du peuple élu, l'augufte métropole
Frappe fes yeux ; non telle qu'en nos jours,
Ou d'Agrippa la fameufe rotonde,
D'un art fublime, empruntant le fecours,
S'éleve aux cieux pour commander au monde,
Mais telle encor qu'un zele tout divin,
L'avoit jadis à Céphas confacrée,
Humble au dehors, & bien plus révérée
Avant les temps de Luther & Calvin.
Oh ! qu'ici bas les deftins font bizarres !
Tout change en mal, toute vertu périt :
Rome autrefois redoutoit les barbares ;
Ses Attilas, ce font les gens d'efprit :

Mais des enfers que peut la folle rage ?

La voyageufe enfin rentre au palais,

Le cher objet toujours ferré de près :

» Bonjour, ma fille, as-tu fait bon voyage ?

Et fourrageant déjà tous fes attraits

D'une main libre .... » Halte-là, dit Lucrece,

» Vous que mon cœur doit chérir doublement,

» Mon très-cher pere, & mon très-cher amant,

» Votre fanté fans doute m'intéreffe ;

» Vous pouvez tout ; & mieux que Jupiter,

» Savez lancer la foudre avec l'éclair.

» En fait d'amour, il n'en eft pas tout comme :

» S'il vous fouvient, ailleurs qu'ex *cathedrâ*,

» Votre vertu par fois dégénéra :

» Le dieu du monde eft fouvent moins qu'un

    » homme ;

» Or, ce cas là n'eft pas fort amufant.

» Gabriel donc m'a fait un beau préfent,

» Malgré l'églife, en dépit de la bible

» Et de vos droits ; j'ai trouvé l'infaillible.

» Ah ! pardonnez ... ce n'eft pas tout encor,

» Ajouta-t-elle avec un air novice ;

» Quand je permets qu'il prenne un peu l'effor,

» Vous allez voir comme il fait l'exercice.

Incontinent le lutin mis en jeu,

Part, s'élançant comme d'une foupape,

Et va brider le nez du pere en Dieu.
Imaginez l'effroi du vieux fatrape :
A ce conflict fubit, inattendu,
Bouffi de rage, il pourfuit l'antipape ;
Mais à fon pofte un foupir l'a rendu.

Plus d'une fois on répete la chofe.
Tel qu'un volant qui jamais ne repofe,
L'oifeau léger partoit & retournoit ;
Le faint prélat couroit, il entonnoit :
» Tifon d'enfer, efprit de zizanie,
» Démon, fuyez, je vous excommunie.
Le pourchaffant alongeant les deux doigts,
Et l'affublant de grands fignes de croix,
Le tout en vain, & s'il court à Lucrece,
Déjà l'intrus l'a gagné de vîteffe ;
La folle éclate, & l'orgueilleux rival,
Demeure ferme au lieu pontifical.

Notre Alexandre étoit non moins colere
Que celui-là qui prit Perfépolis.
» Je n'ai donc plus les clefs du paradis !
Et tout de fuite il écrit à faint Pierre,
Jurant de mettre & le ciel & la terre
En interdit, & fur-tout accufant
Le féraphin d'être un mauvais plaifant.

Ce fut au ciel une rumeur du diable ;
Saintes & faints, tout s'affemble, tout court.

Le Gabriel, d'un ton fort agréable,
Plaida sa cause, & ne resta pas court.
Dans son discours, d'un art inimitable,
Il détailla les vices du vaurien,
Et persiflant le pape & sa pantoufle
Qu'il fait baiser, le traita de maroufle.

A tout cela, Pierre dit : » j'en convien,
» Je n'eus jamais cet orgueil peu chrétien ;
» Pourtant, là-bas il occupe ma place,
» Et l'outrager, c'est un excès d'audace.
Tous deux prouvoient, nioient, prouvoient
       encor,
Et disputoient sur le texte & la glose,
Quand le destin prit ses balances d'or :
Bref, le héros obtint l'apothéose ;
Mais à quel prix ? Exilé dans les cieux :
Beau phénomene, & symbole amoureux,
D'un vol rapide il poursuit les cometes.

O Gabriel ! grace à mes foibles vers,
Que ton nom regne aux boudoirs, aux toilettes ;
Et vous par qui s'embellit l'univers,
Jeunes objets, si cet amant fidele,
Que vous souffrez sans peine à vos genoux,
Le cœur armé d'une audace nouvelle,
Tentoit enfin un triomphe plus doux,
En ces instants de foiblesse & d'alarmes,

Qu'attendre, hélas ! du vain fecours des larmes,
Et d'un courroux en fecret combattu,
Qui trop fouvent a trahi la vertu ?
Ah ! croyez-moi ; pour toute défenfive,
Sans balancer, dites le mot fatal
Bien à propos, c'eft un point capital ;
Joignant les mains avec une foi vive,
Et le regard élancé vers le ciel,
L'efprit en paix, comptez fur Gabriel.

F I N.

POÉSIES DIVERSES.

L'EFFICACITÉ DE LA GRACE.

ÉPIGRAMME.

Enfin me voilà janséniste ;
Leur doctrine me sembloit triste,
Et je riois du trait vainqueur ;
Mais j'ai vu la divine Acanthe,
Et j'ai dit au fond de mon cœur :
Ah ciel ! que la grace est puissante !

VERS

*A MADEMOISELLE ***.*

Dans les jardins de Vénus,
Une jeune & timide rose
Voiloit ses charmes ingénus
Sous sa feuille à peine éclose :
Phébus, en s'élevant vers la voûte des cieux,
L'apperçut, l'adora, lui lança mille feux.
Bientôt sa pudeur moins rebelle
Sourit : au vif éclat des rayons enchanteurs
Dont le dieu s'est paré pour elle,
Elle anime son teint des plus vives couleurs,
Ouvre son sein charmant, & n'en est que plus
belle,
Fixe le zéphyr même, & regne sur les fleurs.
O vous, dont les beaux jours ne sont qu'à leur
aurore,
Connoissez de l'amour les prodiges heureux :
Voulez-vous embellir encore ?
Souriez à ses soins, & brillez de ses feux ;
Jeune Doris, aimez qui vous adore.

L A
CONSOLATION DES VIEILLES,

É P I G R A M M E.

Vous ne concevez pas qu'au déclin de son
    âge,
A quelque patelin & mielleux directeur,
D'une belle aux abois le cœur enfin s'engage :
    Hélas ! c'est un consolateur.
Eh ! qu'importe, au surplus, sous quel titre on
    le nomme ;
Près de sa pénitente, après tout, c'est un
    homme :
C'est l'ombre d'un amant zélé, tendre, assidu,
D'une sainte ferveur prodigant les caresses,
    Et qui cajole sa vertu,
    Comme on cajoloit ses foiblesses.

LE
BERGER RESPECTUEUX.
CHANSON NOUVELLE.

Sur l'air : *C'est Genevieve dont le nom, &c.*

CHANTONS les amours de Lubin ;
Nuit & jour il soupire en vain :
  Hélas ! sans espérance.
Lise, pourtant, l'aime en secret ;
Mais il l'ignore, & n'oseroit
  Parler de sa constance.

Content d'admirer ses attraits,
Il n'ose approcher de trop près,
  Tant Lubin est honnête :
Il croit, sans se rendre suspect,
Qu'on doit, à force de respect,
  Mériter sa conquête.

Lise, un beau jour, d'un air coquet,
Lui dit : suis-moi dans le bosquet ;

II

    Il court plein d'allégreſſe,
Charmé de pouvoir à l'écart,
Loin de tout importun regard,
    Lui montrer ſa ſageſſe.

Voyez, dit-il, cet inſtrument
Qui s'anime ſi tendrement,
    Du cœur, c'eſt l'interprete.
Il dit ces mots d'un ton malin,
Et tout auſſitôt dans la main
    Il lui mit ſa muſette.

Liſe la prit nonchalamment ;
La belle étoit en ce moment
    Aſſiſe ſur l'herbette.
Ses jupons étoient un peu courts ;
Le berger s'enflammoit toujours,
    Il lui prit ſa houlette.

Puis il alla cueillir le thym,
La violette & le jaſmin,
    Le muguet, la lavande.
Il revient tout chargé de fleurs,
Liſe en reſpiroit les odeurs,
    Il lui mit ſa guirlande.

                  D

Comme il en ornoit ſes beaux bras ,
La belle ayant fait un faux pas ,
 Tomba ſur la verdure ;
Ses blonds cheveux flottoient au vent :
Lubin , ſans perdre un ſeul inſtant ,
 Lui remit ſa coëffure.

Tandis qu'il prend un ſoin ſi doux ,
Liſe s'aſſied ſur ſes genoux
 D'un petit air d'aiſance.
Eh quoi ! dit - il , ſeulette ici ,
Sur un berger placée ainſi ,
 Sentez-vous ſa prudence ?

Au village ils ſont de retour ,
Liſe abjurant un ſot amour ;
 Et fier de ſa proueſſe ,
Lubin s'écrioit tout joyeux :
Peut-être , dans un an , ou deux
 J'obtiendrai ſa tendreſſe.

VERS

*Sur le Bref du Pape CLÉMENT XIV,
qui défend la castration dans ses Etats.*

Nous vantons la philosophie,
Mais que sert son triste flambeau,
Ses traits percent-ils le bandeau
De notre antique barbarie ?
Insensés & foibles mortels,
N'avons-nous pas, grace au sophisme,
Des esclaves, du fanatisme,
Et des guerres & des duels ?
Cet âge d'or que l'on regrette
Reviendra-t-il ? je n'en sais rien ;
Mais l'ame est un peu satisfaite,
Lorsqu'on voit naître quelque bien,
   Gloire & félicité parfaite
Au suprême & sage Prélat,
Qui ne veut pas qu'une ariette
Coûte un citoyen à l'état ;
Se souvenant qu'à leur image
Les Dieux ont créé les humains,
Et conservant ce bel ouvrage
Tel qu'il est sorti de leurs mains.

Cet acte feul l'immortalife,
L'humanité le canonife ;
Et des Dames le noble cœur
Verra condamner avec joie
Un genre de fauffe monnoie,
Qui bleffoit leur feinte candeur.

    La modeftie, au teint de rofe,
Craint l'afpect d'un difgracié,
Et détefte, fur toute chofe,
L'indécence qui fait pitié.
Mais par quelle étrange manie,
Cette fanglante tyrannie
A-t-elle régné fi long-temps ?

    Qu'un defpote orgueilleux prétende
Être pere de fes enfants ;
Pour bannir toute contrebande,
Qu'il faffe mutiler fes gens :
En blâmant ce terrible ufage,
J'excufe un fultan, un fophi,
De s'affurer un avantage
Devenu fi rare aujourd'hui.

    Sa loi lui permet cinq cents femmes ;
Combien d'intrigues & de trames
Se formeroient dans le ferrail,
Et pour la blonde & pour la brune !
Comment garder tout ce bercail,

Si l'on ne peut en garder une ?
   Mais, par un crime impertinent,
Détruire la source des êtres,
Dégrader l'homme uniquement
Pour défennuyer de vieux prêtres ;
Et ce qui me semble aggravant,
Priver de fait un catholique
D'un fort aimable sacrement ;
Cette invention frénétique
Dût naître au fin fond de l'enfer.
Convenons que c'est payer cher
Un petit luxe de musique.
   Et ce font des êtres pensants,
Des chrétiens polis & charmants,
Qui, dans le temple & sur la scene,
Se donnoient ces doux passe-temps
Aux dépens de l'espece humaine !
La nature étouffoit ses cris :
Dignes émules de Tantale,
Les peres immoloient leurs fils
A cette fureur musicale.
Les descendants des Scipions,
Des Fabius & des Catons,
Subissant l'attentat impie,
A chaque moment de leur vie
Étoient sujets à mille morts,

Et pour mieux combler leur misere,
Forcés de feindre des transports
Qu'ils ne pouvoient plus satisfaire.

Ils formoient les plus beaux accords,
Ils triomphoient dans la cadence,
Les roulements *& cætera.*
Mais, comme on l'a dit, ces gens-là
Ne brilloient pas pour leur dépense.

Cependant seule & sans rivaux,
L'Italie orgueilleuse, oisive,
Goûtoit cette gloire exclusive
De faire des monstres nouveaux,
Et, comme autrefois par la guerre
Et la valeur de ses soldats,
Crut régner encor sur la terre
Par les succès de ses castrats;
Au commerce, à l'agriculture,
La richesse des nations,
Opposant sa manufacture
De lâches & vils Amphions;
Et l'on n'admiroit plus dans Rome
Que cet art d'élaguer un homme,
Pour lui faire pousser des sons.

En vain les fastes de l'histoire
En garderont le souvenir;
On verra douter l'avenir

Trop fage pour ofer le croire.

Grace à la plus fage des loix,
La nature obtient la victoire,
Et Clément lui rend tous fes droits,
Remercions ce digne apôtre;
Chez les Cordeliers il vivoit:
Du bien qu'à l'homme on enlevoit,
Il a fu le prix mieux qu'un autre.

Et pour payer tant de bonté,
Puiffent des fonges favorables,
En dépit de fa fainteté,
Lui retracer la volupté
Qu'il conferve à tous fes femblables!

Et vous, des bords Ultramontains,
Rois & princes que je révere,
Méritez vos nobles deftins:
Et fi la gloire vous eft chere,
Hâtez-vous, ne permettez plus
Ces cruelles métamorphofes;
Faites admirer vos vertus,
Et n'ayez plus ces virtuofes
Qui font frémir l'honnêteté.
Abjurez un goût fanatique;
Aimez un peu moins la mufique,
Et beaucoup plus l'humanité.

LES BONS PROCÉDÉS.
ÉPIGRAMME.

A Soixante ans, le galant saint Aulaire,
Preſſoit un jour la facile Glicere,
La lutinoit, déroboit un baiſer,
Et promenoit une main téméraire.
La dame dit : peut-on vous refuſer ?
Puis mollement tombe ſur ſa ducheſſe,
D'un air ſi tendre, & ſe pâmant déjà.
Le galant dit : avec ces façons-là,
Vous bannirez, parbleu, la politeſſe.

ÉPITRE

A MADAME . . . . ,

Mordue à la fesse, par un chien.

QU'AI-JE entendu, jeune Silvie ?
Par quelle foudaine furie,
Ce monftre que tu careffois,
Sur fa maîtreffe fi chérie,
Sur fes tréfors les plus fecrets
A-t-il porté fa dent impie ?

C'eft l'Amour, c'eft ce dieu des dieux,
Dont tout être fubit l'empire
Qui le pénétroit de fes feux :
Je reconnois, dans fon délire,
Phedre entiere en proie à Vénus,
La trifte amante de Pyrrhus,
Le tendre affaffin de Zaïre.

Le fait eft-il fi furprenant ?
De la femme du roi de Crete,
On fait quel fut le foupirant :
Jeanne d'Arc eut un fier amant,
Si l'on en croit un grand poëte.

D'un rival que ne peut l'aspect ?
Tranquille au sein de ta famille,
Le barbare plein de respect,
Ne te mordoit point étant fille.
Je t'ai vue en tes jeunes ans,
Peu discrette dans tes caresses,
Tu lui prodiguois tes tendresses,
Et tes baisers & tes serments ;
Le traitre excitoit notre envie.
Il n'a pu te voir sans courroux
Passer dans les bras d'un époux ;
J'excuse & plains sa jalousie :
Le plus doux, le plus tendre amant,
En voyant sa flamme trahie,
Vous garde toujours une dent.
Plus heureux que le premier homme,
Ta clémence lui pardonna :
Quand le ciel sur Adam tonna,
Hélas ! il mordoit une pomme
Qui ne valoit pas celle-là.

Des fameux chiens de l'écriture,
On connoît l'attentat cruel ;
Ce n'est pas là ton aventure ;
Ce teint sans art, cette ame pure
Ne font pas d'une Jésabel.
Quelquefois par excès de zele,

Un baiser vous mord bel & bien;
Tu n'es pas la premiere belle
Qui cria vainement : ah chien !

Mais quittons un vain badinage ;
Malheur à quiconque oseroit
Te parler un tendre langage ;
Cet exemple te prouveroit
Qu'on ne peut t'aimer qu'à la rage,
Et ta sagesse frémiroit.

Il faut qu'ici je te confesse
Ce qu'amour m'a dit en secret.
C'est Vénus à la belle fesse,
Qui guida ce monstre fatal,
Furieuse de jalousie
Contre une charmante copie
Plus belle que l'original.

Sa vengeance est mal satisfaite,
La cicatrice restera ;
Mais l'Amour même me jura
Qu'il en feroit une follette.

Visiter les pauvres blessés,
Est, dit-on, œuvre méritoire ;
Je n'ai pas de peine à le croire,
Et mon cœur me l'inspire assez :
Oh ! qu'il seroit doux, sans la glose
Qu'en feroit les méchants esprits,

De gagner le ciel à ce prix ?
Examinant de près la chofe,
Et de tes charmes arrondis
Caraffant la neige & la rofe,
Je me croirois en paradis.

Pardonne ma longue élégie
Peu digne d'un fi beau fujet ;
Jamais rimeur n'eut le génie
Si bien rempli de fon objet,
Et fi mon zele eft peu difcret,
J'ai pour moi d'illuftres exemples ;
Athenes confacra des temples
Au Dieu même qu'elle ignoroit.

MADRIGAL.

DE mes transports, Iris, cessez de vous
défendre,
Tous les yeux, tous les cœurs par vous sont
enchantés ;
Vous raviffez les libertés,
Il est juste d'en laiffer prendre.

LE LOUABLE PROJET.

CHANSON.

VOLAGES cœurs, que le caprice enchaîne
Et dégage tour-à-tour ;
Pour jouir d'une gloire vaine,
Vous renoncez aux vrais bien de l'amour ;
Vos triomphes brillants ne me font point d'envie,
Mon cœur a fait un trop beau choix ;
Je ne veux aimer qu'une fois,
Mais j'aimerai toute ma vie.

LA COMPENSATION.
ÉPIGRAMME.

UN pénitent contoit un jour son cas,
Et s'accusoit d'avoir planté l'aigrette
Droit sur le front du compere Lucas.
Le moine dit : ô jeunesse indiscrette !
Peut-être, hélas ! cet honnête chrétien,
Sans dire mot, gémit au fond de l'ame.
L'autre répond : Eh ! comptez-vous pour rien
Tout le plaisir que j'ai fait à sa femme ?

LES BOTTES.

CONTE.

Deux voyageurs, dans la cité de Tours,
Logoient enfemble, à l'âge des bons tours,
Plus curieux de douces aventures
Que de palais, monuments ou peintures.
Gentille hôteffe, époux crédule & fot,
A point nommé font les honneurs du gîte :
Si certain dieu fe mêle du complot,
J'ofe augurer plaifante réuffite.

Voilà d'abord l'un de nos deux galants,
De mainte œillade agaçant la commere,
Tendres façons, petits foins & ferments
Sont en campagne, & puis faveur légere,
Baifer volé, puis la main qui s'ingere,
Et qu'on punit ; béatilles d'Amour
Viennent par ordre & chacune à leur tour.

Tout jufque-là n'eft que cajolerie
Que doit fouffrir une hôteffe jolie.
Mais un beau jour, pour certaine raifon,
Nos voyageurs abfents de la maifon,

La belle étant à leur chambre montée,
Elle apperçut des bottes à l'écart.
Botte aussitôt par elle est convoitée,
Désir la prend d'essayer, sans retard,
Quelle figure auroit femme bottée.

Sur ce point là, sans prévoir le péril,
Tant fut enfin procédé par la belle,
Qu'elle chaussa l'accoutrement viril.
Le galant vient, & trouvant la femelle
Embarrassée en si plaisant maintien,
Il vous l'étend sur son lit bel & bien;
Amour est là qui préside au mystere :
Le dieu fripon après quelques tracas,
Légérement les conduit à Cythere.

Quelqu'un dira : quoi! l'on ne cria pas :
Pourquoi crier? elle n'étoit si sotte.
A quel scandale eût-elle donné lieu ?
Qu'eût dit l'époux de voir sa femme en botte?
Péchés secrets sont remis devant Dieu.

On tient pourtant qu'en cédant la victoire,
Sa chasteté fit très-bien son devoir,
Menaces, pleurs, prieres, désespoir,
On n'obmit rien, & ce qui le fait croire,
C'est que l'époux qui montoit sans dessein,
Croyant ouïr quelque bruit clandestin,
Approcha l'œil du trou de la serrure;

Il eût mieux fait de fuivre fon chemin.
Là du galant il lorgna l'encolure,
Et par deffous, bottes en mouvement ;
Bottes fans plus, rien ne vit plus avant.

En cet endroit la chronique eft perplexe ;
Aucun eût dit que l'époux, par raifon
De fympathie, & fans foupçon du fexe,
Sentît au front quelque démangeaifon.

Mais, pourfuivons le fil de l'aventure :
A cet objet, je vous laiffe à penfer,
Lecteur prudent, l'étrange conjecture
Qui chez l'époux vint foudain fe gliffer :
» Quelle fureur ont ces gens-ci dans l'ame !
Il croit du ciel voir defcendre la flamme
Sur fa maifon, & tremblant d'être cuit,
Tout de ce pas, de peur d'être complice ;
Notre homme court avertir la juftice.
Le juge vient, une efcorte le fuit.

Pendant ce temps, fans rompre la cadence ;
Le pélerin avoit reprit la danfe.
Heureux qui met chaque inftant à profit.
Bottes ne fut jamais à telle fête :
Il n'étoit plus mention de crier ;
Bottes alors ne fe faifoient prier,
Pour partager les fruits du tête-à-tête :
Le tout pourtant n'étoit qu'à bonne fin ;

Faute de mieux, & je le crois de même.
  Dandin regarde, ensuite tout l'essaim,
L'un après l'autre, en un silence extrême,
Jusqu'au greffier, tous observent le cas :
On verbalise, on griffonne, on dépose,
Et croyez bien que l'on n'oublie pas
Dans cet écrit les bottes, & pour cause,
Tant leur sembloit aggraver le délit.
Tout étant fait, on heurte à petit bruit.
Quel contre-temps ! une sombre ruelle
Sert de retraite à la pauvre femelle :
De quelle peur l'amant fut-il frappé,
Quand l'huis ouvert, il se trouve happé ?
» Qu'est-ce, Messieurs, disoit-il tout en transe,
» On se méprend : savez-vous qui je suis ?
» Mon nom est tel : Florence est mon pays.
Notez, greffier ; Monsieur est de Florence,
  L'hôte cherchoit le compagnon d'amour,
Il le saisit malgré sa résistance,
Et par la main la ramene au grand jour :
» Çà, disoit-il, voyons sa contenance,
» Elle sera plaisante, sur ma foi !
  Pauvre cocu, voyons plutôt la tienne ;
Du dénouement, chacun rit à part soi.
Le mari veut étrangler la chrétienne.
Messer Dandin apaise le débat,

De la femelle alléguant l'imprudence ,
Et le démon qui fait échec & mat
Toute vertu , lorsque moins on y pense :
Tant que l'époux se reprochant l'éclat ,
De la cohorte implore le silence.

Le galant part , ainsi que son ami ,
Comme on peut croire , & ses bottes aussi ,
Glissant à l'hôte une assez forte somme :
Quant au surplus , mettant son doigt au feu ,
Même sa main que tout n'étoit que jeu ;
L'époux disoit : c'est pourtant un brave homme ;
Et serroit l'or , & rendoit grace à Dieu.

L'HONNÊTE MARI.

ÉPIGRAMME.

MONSIEUR Damis, homme du meilleur ton,
Rentrant chez lui, vit sa femme & Cléon
Fort occupés dans le fond d'une alcove ;
Il ne dit mot, se place au coin du feu ,
Tournant le dos : l'amant remis un peu ,
D'un pied tremblant furtivement se sauve ;
Plus mort que vif , il gagne le degré.
L'époux le suit, en disant à voix haute :
Monsieur, Monsieur, venez souper sans faute ;
Je vous attends. Le galant égaré ,
Balbutioit : mais, Monsieur ; mais, Madame.—
Point de façons : je suis bien assuré
Que vous ferez grand plaisir à ma femme.

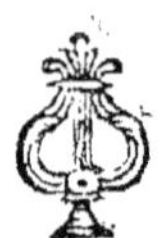

LE PARTAGE ÉQUITABLE.

CHANSON.

SANS cesse mon époux
Jaloux,
Trouble mes rendez - vous ;
Je ne vois mon ami
Qu'à demi.
O de l'hymen, cruelle tyrannie !
J'abandonne à tes droits la moitié de ma vie ;
Les nuits
Sont pour les maris ;
Mais le jour
Est pour l'amour.

L'ÉPOUSE VENGÉE.

ÉPIGRAMME.

LE bon Damis, vieux fou, se croyant jeune,
Près de Marton, soubrette à l'œil mutin,
Faisoit encor le petit libertin :
Sa femme, hélas ! observe un triste jeûne ;
Cachant sa peine , elle attendoit en bref,
Sans dire mot, pour bannir sa rivale,
Pour éclater , quelque juste grief.
Il en vient un : sa joie est sans égale.
Eh ! bien, Monsieur , serai-je son jouet ?—
Comment, dit-il, oser vous faire injure !
Ah ! dès ce soir, de ma main, je le jure. —
Vous la chassez. — Je lui donne le fouet.

CONSEILS
AUX JEUNES GENS,
CHANSON.

Beaux galants à tête légere,
Suivez l'Amour, chantez Bacchus ;
Mais ne riez pas des cocus :
On doit du respect à son pere.

IL Y A REMEDE A TOUT.
ÉPIGRAMME.

Près de moi passoient deux grisettes,
Qui revenoient des Porcherons.
Ma foi, dit l'une des fillettes,
Nous avions - là deux bons garçons,
De bon vin & de bonnes saufles ;
Je m'en vais le cœur bien content.
L'autre dit : je t'en offre autant,
Prions Dieu de n'être pas grosses.

LA DAME MODESTE
CONTE.

UN cocher ivre ayant verſé
Quatre bourgeoiſes en voiture ,
Pêle-mêle dans un foſſé ;
Chaque jupon vers la ceinture
Étoit proprement retrouſſé.
Un manant paſſoit : il s'approche ,
Et tirant ſes mains de ſa pochc ,
Il détache deçà , delà ,
Mainte cuiſſe bien rabondie.
Une des dames s'écria :
Cachez mon cul , je vous ſupplie. —
J'en vois quatre bien découverts ;
Lequel eſt-ce ? — Il a des bas verts. —
Oh ! bian , bian , qu'à cela ne tienne,
D'obéir il fait ſon devoir ,
Et le couvre , en diſant : morguienne ,
Je m'en doutois , il eſt bian noir.

LE DÉPOSANT SINCERE.

ÉPIGRAMME.

ALISON toute défolée,
Se jette aux pieds du magiſtrat :
Ah ! Monfeigneur, un fcélérat
Au fond d'un bois m'a violée.
Le juge dit : avez-vous là
Des témoins pour prouver l'affaire ?
Mon frere Blaife que voilà,
A tout vu, répond la bergere :
Quoi ! tu n'as pas fait ton devoir ?
Tu reſtois-là comme une fouche ? —
Moi, morgué ! c'étoit drôle à voir,
Et l'eau m'en venoit à la bouche.

LE CONSEIL MAL SUIVI.

ÉPIGRAMME.

CRAINTE d'enflure, Agnès restoit pucelle ;
Mais on lui dit un remede à ce cas,
Dont aussitôt se sert la Jouvencelle :
Advint qu'Agnès, novice au doux tracas,
Oubliant tout, au fort de l'accolade,
Trouve sa jupe étrécie à ce jeu.
Que n'avez-vous, dit la matrone en feu,
De votre amant repoussé l'embrassade,
Comme avions su si bien vous conseiller,
Quand vous verriez ses regards se troubler ?
Eh ! oui, vraiment, je l'eusse fait, sans doute ;
Répond Agnès, mais plus n'y voyois goutte.

MADAME DRU.

CONTE. *

MADAME DRU, jeune & belle bourgeoife,
Au teint de rofe, au fouris tendre & doux,
Charmoit les yeux, gagnoit les cœurs de tous;
De Paris même on venoit à Pontoife
Pour l'admirer, bien qu'Hymen & Plutus,
D'un fot époux & d'un état modique
L'euffent dotée; elle eut mille vertus,
Sa chafteté paffoit pour authentique :
Mais, fi j'en crois un auteur véridique,
Elle perdit, hélas! ce beau fleuron.

Un jour de fête, au fortir de la meffe,
Comme elle alloit defcendre le perron
Qui joint l'églife, un étranger s'empreffe,
Offrant fa main qu'on ne refufe pas ;
Car, à quoi bon caufer un tel fcandale ?
Cet inconnu, c'étoit le beau Candale,
Paffant par là pour voler aux combats.

* *Note de l'Éditeur.* Cette piece eft le dernier
ouvrage de M. B * *, & j'ai des raifons pour croire
qu'il l'a achevé dans les inftants qui précéderent fa
mort.

A ſes côtés, il lui diſoit tout bas :
» Je vous adore, & jugez de ma flamme,
» Mille louis vous ſont acquis, Madame ;
» Foible tribut ! ſi vous daignez ſans bruit,
» Me recevoir, ſitôt après minuit.
» Confiez-vous ſans crainte à ma tendreſſe,
» Et par pitié dites-moi votre adreſſe.

    Quel cœur de roche, à ces gens de renom,
Si beaux, ſi doux, oſeroit dire un non ?
Sur-tout en France, où toute citoyenne
Sait ſi bien vivre, il faut que j'en convienne.

    Or, celle-ci dit tout ce qu'on voulut,
Sans le nommer ; réſerve très - facile,
Car auſſi bien c'étoit choſe inutile :
Puis, au moment où la belle ſe tut,
Quittant ſa main au bas du périſtile,
Son chevalier lui détache un ſalut ;
Mais ſi profond, & ſi rempli de grace,
Que dans la ville on en parla ſix mois.
Mainte caillette en prend de nouveaux droits,
Et ſe rengorge, & dit aux gens en face :
» Vraiment, Meſſieurs, j'admire votre audace ;
» Prenez exemple, & ſachez qu'il nous faut
» Force reſpect, avec un cœur bien tendre :
» Sentez enfin ce que le ſexe vaut,
» Peut-être alors on pourra vous entendre.

Tandis qu'ainſi le public diſcouroit ,
Seule au logis , madame DRU rentroit.
L'époux ſurvient , & la trouvant rêveuſe :
» Qu'as-tu , dit-il , & quel trouble nouveau
» Vient t'agiter & te rend ſoucieuſe ?
La Dame avoit dans ſon joli cerveau ,
Peu de prudence , encor moins d'artifice :
Vous le ſavez , la ſuprême juſtice
Va prodiguant ainſi de toutes parts
Ses plus beaux dons d'une main débonnaire ;
Mais dans ce monde , on les rencontre épars ,
Et nul n'a tout. Liſez le ſage Homere ,
Il ne dit point qu'Hélene eût de l'eſprit ;
Pour moi , j'en doute , aux fautes qu'elle fit.
    Madame DRU , d'après ce beau ſyſtême ,
Fort empêchée à ſortir d'embarras ,
Imagina de raconter le cas ,
Tout ſimplement , à ſon époux lui-même.
Le mari dit : « mais , c'eſt un inſolent. » —
» Eh ! non , mon cher , ſon reſpect eſt extrême :
» Comme il baiſſoit les yeux en me parlant !
» D'un air modeſte ! & puis en s'éloignant ,
» Il falloit voir comme il m'a ſaluée :
» On eſt venu m'en faire compliment ;
» Toute la ville en eſt extaſiée.
    Et cependant , l'époux dit à part ſoi ,

Plein de dépit : » le fat ! le téméraire !
» Il en veut donc à mon honneur, à moi !
» Qui me retient dans ma juste colere ?
» Tels attentats resteroient impunis !...
» Un rendez-vous !... eh quoi !... mille louis !...
» Et de ma honte ils seroient le salaire !...
» Mille louis !... il mériteroit bien....
» L'idée est bonne, & parbleu, je m'y tien.
» A l'heure fixe, écoutez bien, ma femme,
» Vous ouvrirez votre porte à l'infame :
» Dans votre chambre aussitôt introduit,
» Entre vos mains il remettra la somme..... —
» Y pensez-vous ? moi seule avec un homme,
» Répliqua-t-elle, au milieu de la nuit ! —
» Je serai là, caché dans la ruelle,
» Sans dire mot, & faisant sentinelle.
» Que craignez-vous ? je suis hardi, subtil :
» Bien à propos je me montre & me nomme.
» Je surprendrai cet amant incivil ;
» Troublé pour lors, il fuira, Dieu sait comme,
» Et nous aurons son argent sans péril.

    La chaste épouse hésite, se désole ;
Mais monsieur DRU, du ton le plus moqueur,
Lui répéta si souvent : » es-tu folle ? »
Qu'elle soumit enfin son foible cœur,
Non sans murmure ; & sûr de sa prouesse,

Le fin bourgeois treffailloit d'alégreffe.

De fon côté, plein d'un amour craintif,
Figurez-vous le jeune & fier Candale,
Que notre belle a piqué jufqu'au vif,
Plus agité que ne le fut Tantale.

C'eft un beau dogme, & l'un des plus certains;
Le vieux Saturne a deux énormes aîles,
Même Aquilon n'en eut jamais de telles;
Il fend les airs, emporte nos deftins,
Et nous paffons ici bas comme l'ombre.

Oui, le plaifir périt, fragile fleur,
Dont un inftant a flétri la couleur.
Il eft trop vrai; mais dans nos maux fans nombre,
Et même encor dans l'efpoir du bonheur,
Comme le temps fe traîne, rampe, pefe!
Dieux que fon cours alors eft différent!
Foibles humains, on jouit en courant;
Mais on enrage, hélas! tout à fon aife.

Notre amant donc, en ce jour fans pareil,
Plus d'une fois crut avec affurance,
Qu'un Juif encore arrêtoit le foleil.
Mais dans fa courfe enfin la nuit avance;
Nuit fortunée! il vole au rendez-vous.
La porte s'ouvre, & tout parfumé d'ambre,
Il fait un pas tout au plus dans la chambre;
Sur lui d'abord il ferme les verroux.

L'or eſt remis dans les mains de la belle :
Mais tout-à-coup : » Qu'avez-vous-là, dit-elle ?
» Miſéricorde ! eh quoi ! des piſtolets !...—
» Ah ! pardonnez, c'eſt que j'aime la paix.
Diſant ces mots, il ſourit à la dame,
D'un air léger, propre à calmer ſon ame ;
Et pas à pas avec art la conduit,
Toujours galant, où ? ſur le pied du lit.

    Là, dans ſes bras, non ſans peine étendue,
Par ſa pudeur quelque temps défendue ;
Trop foible enfin, & réduite aux abois :
» Ah ! mon cher DRU, » dit-elle à demi-voix :—
» Eh ! bien *dru* ſoit, » dit le duc, qui ſait vivre. »
Bien que ce mot l'étonne tant ſoit peu,
Mais brave & prompt à ſe piquer au jeu,
A ſon ardeur le voilà qui ſe livre.
Point de tréſors qui ne ſoient mis au jour ;
Partout s'égare une main triomphante ;
La belle pleure, il la voit plus touchante.
» DRU, diſoit-elle : & le duc plein d'amour,
Cede en héros au charme qui l'entraîne ;
Tant qu'à la fin de cette vive ſcene,
La dame, hélas ! s'écriant : » DRU, DRU, DRU ;—
» Sur mon honneur, dit-il, fût-ce la reine,
» Je ne crois pas qu'on puiſſe aller plus *dru*.
    Le front paré d'une ſi belle palme,

Bientôt

Bientôt fuccede un entretien plus calme ;
Le duc charmant, brilloit fur tous les tons,
Et revenoit fans ceffe à fes moutons.

Muette alors, & ce n'eft pas merveille,
Puifque l'époux faifoit la fourde oreille,
Madame DRU s'abandonne au deftin,
Candale en eft mille fois plus divin.
Nul mieux que lui ne fut mettre en pratique
L'art du bonheur & fa douce tactique ;
Un feu difcret a pénétré le fein
De fon amante, il circule en fes veines ;
Amour eft là qui tient en main les rênes :
A dire vrai, tout n'en alloit que mieux.
Las ! tout finit, les étoiles pâliffent,
Vers l'orient s'annonce un jour douteux,
Et par degrés les ombres s'éclairciffent.
Le duc, s'écrie : » ô trop rapide nuit !
Maudit l'aurore, & tout ce qui s'enfuit.
Soudain, l'Amour le ramene à fon pofte,
Un nouveau myrte honore encor fes feux,
Trente baifers ont fcellé fes adieux.
Puis, s'enfonçant dans fa chaife de pofte,
Il part, bercé d'un fouvenir bien doux.

Mais, monfieur DRU, dites, que faifiez-vous
Durant le cours de votre apothéofe ?
Trifte témoin, vous dont le nom fatal,

F

Aux voluptés a servi de signal,
Et qui restiez immobile , & pour cause ?
Ce qu'il faisoit ! eh ! mais , d'un fier rival
Considérant & calculant la flamme ,
Il sut du moins ce que valoit sa femme ;
Il s'instruisit , observa chaque point,
Du bien d'autrui vit comme on fait grand'chere ;
Et soyez sûr qu'il n'éternua point,
Tant il craignoit de troubler le mystere.
A votre avis eut-il donc si grand tort ?
Bien est-il vrai qu'invectivant le fort ,
A sa moitié qu'on n'ose voir en face ,
Très - humblement il fallut crier grace.
La Dame rit ; car il la plaignoit fort ,
Et beaucoup trop , s'il faut que je le dise,
Mille louis , consolent sa sottise.
N'est-ce donc rien ? Eh ! combien de maris ,
N'ayant jamais touché pareille somme,
A qui souvent il est arrivé pis ,
Sans qu'aucun d'eux l'ait été dire à Rome !
     Mais, avoir vu de ses yeux !... Eh bien, quoi ?
Belle misere ! & tant d'autres , ma foi,
Voudroient bien voir, tant le front leur démange !
Tant un jaloux craint de prendre le change !
Infortuné ! disant à chaque pas :
O ciel ! le suis-je , ou ne le suis-je pas ?

LA COLERE INJUSTE.

ÉPIGRAMME.

Aussitôt qu'au grand catalogue,
Un époux se croit installé,
Le voilà, grondant comme un dogue ;
C'est son trésor qu'on a volé.
Que le grand diable le confonde !
Un trésor est à tout le monde,
Quand tout le monde en a la clef.

LA FEMME DE BON TON.

ÉPIGRAMME.

Cent étourdis environnoient Glicere :
Hylas survint, plus triste qu'un hibou,
Disant tout bas : que faut-il pour vous plaire ? —
A moi, Monsieur ; allez-vous faire fou.

LA FAUTE PARDONNABLE.

ÉPIGRAMME.

MARTHE étoit fraiche, avoit de l'embonpoint;
Elle paſſoit pourtant la cinquantaine.
Un curé dit : ceci me vient à point ;
Bref, il en fait ſa ſervante & ſa reine.
Plaiſir trompeur, bientôt mêlé de peine !
Le diable, hélas ! arrondit ſon Iris.
Soudain, l'évêque accourt au presbytere.
Le galant dit : voyez ſon baptiſtere ;
Tout comme moi, vous euſſiez été pris.

LA SAINTE.

ÉPIGRAMME.

MILORD Ker, au fait des ufages,
A Paris, tout en débutant,
Avoit pris Clarice à fes gages,
Et bientôt n'en fut pas content.
Il vit un jour certaine Vierge,
Tableau du peuple révéré :
A la clarté de plus d'un cierge,
Il lorgna le minois facré ;
Trait pour trait, c'étoit fa Clarice.
Parbleu, dit-il au facriftain,
Votre Vierge eft une catin,
Qui m'a donné.... Dieu la béniffe.

F 3

JOUISSANCE.
A PHILIS.

Viens, ma Philis, embrasse-moi :
Nous sommes seuls, cessons de nous contraindre ;
Ici, mon cœur ne voit plus rien à craindre,
Que d'être aimé trop foiblement de toi.
Tu m'aimes ? & je puis compter sur ta tendresse ?
    Non, ces yeux ne sauroient mentir ;
Dieux ! qu'ils expriment bien tout le feu qui
    te presse !
Quels mouvements secrets ils me font ressentir !
Je ne suis plus à moi : quelle soudaine ivresse !
    Plaisirs, transports, ravissements,
    De mes sens laissez-moi l'empire.
Me faut-il expirer en de si doux moments ?
    Souffrez enfin que je respire....
    Mon ame ne peut plus suffire
A contenir l'excès de ses emportements....
    Amour, quelle est donc ta puissance !
    Quoi ! du sein de la jouissance,
    Je sens renaître les désirs ?
Viens, fais-moi succomber sous le poids des
    plaisirs.

Tu meurs, chere Philis, ah ! puis-je te furvivre ?
　　Attends, attends, je vais te fuivre...
Amour, je m'abandonne à toutes tes fureurs....
Bouche aimable, reçois le dépôt de mon ame...
Qu'elle porte en ton fein fes défirs & fa flamme...
Philis, ouvres les yeux !.. tu revis !.. je me meurs !..
Quels baifers pleins de feu ! quelle voix douce &
　　　　tendre !
Ma Philis, eft-ce toi ? l'excès de mon amour
　　　Venoit de me ravir le jour,
　　　Et le tien a fu me le rendre.
Que tu me fais goûter de charmes inouis !...
Je te tiens dans mes bras, & mes yeux éblouis
Admirent tes attraits, les admirent encore ;
Je te parle & t'entends, je te vois, je t'adore,
　　　Et je défire, & je jouis.

LE VEUF.

ÉPIGRAMME.

MADAME Orgon venoit de rendre l'ame ;
L'époux gémit, & fort, tout défolé,
Du lieu fatal où gît la bonne Dame.
Pauvre homme, hélas ! où peut-il être allé ?
La parenté va, vient & fe tourmente,
Tant qu'on le trouve dans un grenier à bled,
Ne vous déplaife, accolant fa fervante.
De cent brocards, chacun l'apoftrophoit.
Hélas ! dit-il, d'une voix fanglotante,
Dans la douleur, fait-on ce que l'on fait ?

CHANSON.

Sur l'air : *Jusque dans la moindre chose*, &c.

LORSQUE l'amant le plus tendre,
N'éprouve que ta rigueur ;
Cruelle ! puis-je t'entendre
Vanter froidement ton cœur ?
Un regard qui me rappelle,
Quand je veux fuir pour jamais ;
Quelque douceur infidelle ;
Voilà tes plus grands bienfaits.

———

Par une amitié paisible,
Tu crois payer mon tourment,
Encor ton ame insensible
Se trahit à chaque instant.
Sans pitié pour mon martyre,
Et fiere de mes douleurs,
Tu souris, quand je soupire ;
Tu triomphes, quand je meurs.

———

Ingrate ! est-ce ainsi qu'on aime ?
Est-ce là ce doux retour ,
Ce prix touchant & suprême
Qu'on doit au plus tendre amour ?
Rougis, enfin, d'être avare ,
Quand tout mon cœur s'est donné ,
Et frémis d'être barbare ,
Contre un captif enchaîné.

Si le sentiment t'enflamme ,
Tes sens sont-ils donc muets ?
N'ai-je à toucher que ton ame ,
Sans toucher à tes attraits ?
Qu'attends-tu ? l'Amour t'appelle ;
Couronne le plus beau feu ;
Sois aussi tendre que belle ,
Et ton amant est un dieu.

L'INGRATITUDE.

ÉPIGRAMME.

Auprès du feu, comme il geloit beaucoup,
Lise brodoit à côté de sa tante.
Lindor survient. La dame, à sa suivante,
Va dire un mot : imprudente, à ce coup,
De laisser seuls la brebis & le loup.
Puis, revenant : — « Avec cette innocente,
» L'ennui, Monsieur, aura dû vous saisir. —
» L'ennui, Madame ? ah ! dites le plaisir,
» Et c'en est un que nul autre n'efface.
La niece boude, & dit, entre ses dents :
» Le beau plaisir ! prendre la fesse aux gens,
» Avec des mains plus froides que la glace.

SUR UN REGARD.

CHANSON.

Un regard de tes beaux yeux,
Animé d'un tendre délire ;
Un seul regard, ma Thémire,
Met ton amant au rang des dieux.
Que le dieu, qui fait les heureux
Y trace mon bonheur, & sa gloire & ta flamme ;
En dépit des Argus jaloux & curieux,
Dans ces moments divins, je jouis de ton ame.

VERS

A MADAME DU BOCAGE,

A SON RETOUR DE GENEVE.

Entre Geneve & Rome, & leurs prêtres
jaloux,
Le culte de Marie a pu former un schisme ;
S'agit-il d'être à vos genoux,
Elles n'ont plus qu'un catéchisme.

VERS

SUR LES QUÉSACOS.

ENFIN, fur le front de nos belles,
Flottent ces panaches altiers,
Qui de leurs menaçantes ailes
Ombrageoient le front des guerriers ;
    La beauté par fes charmes,
Les avoit bleffés par fes traits ;
A fes pieds, en vaincus, ils dépofoient leurs armes,
  Quand pour butin, elle a pris leurs plumets.
Portez cette dépouille, adorables objets,
  Nous n'y fommes pas infenfibles,
  Elle convient à vos attraits :
  Vous n'en ferez que plus terribles,
  Et pour nos yeux, & pour nos cœurs ;
  Toujours vous fûtes invincibles,
  Toujours vous ferez nos vainqueurs.

LE VIEILLARD DEVENU DÉVOT.
ÉPIGRAMME.

Contemplez ce sexagénaire
Oisif & fastueux, jaloux, atrabilaire ;
Il dit, avec orgueil : la grace m'a touché ;
Et se refuse un seul péché :
C'est celui qu'il ne peut plus faire.

VERS
SUR LES FEMMES DE LA PATRIE
DE L'AUTEUR.
ÉPIGRAMME.

Il faut le dire à leur louange,
Nos belles, dès leurs jeunes ans,
Entendent aussi bien le change,
Que pas un de nos commerçants.
Point de délais, point de saisies,
Nul billet doux n'est protesté,
Et soudain tout est acquitté
Par un virement de parties.

LE ZÈLE.

ÉPIGRAMME.

CHEZ la Pâris, on trouve un Capucin;
On l'accabloit de dures incartades :
Corbieu, dit-il, est-ce qu'un médecin
N'a pas le droit d'aller voir ses malades ?

QUESTION THÉOLOGIQUE.

CHANSON.

Sur l'air : *Et j'y pris bien du plaisir.*

VOIS dans ce sombre bocage,
Ce délicieux percé,
Cet étroit & doux passage,
De roses entrelacé ;
Quoi donc ! notre divin Maître
Nous l'auroit-il défendu ?
Comment cela peut-il être ?
Eh ! c'est lui qui l'a fendu.

LE SERMON.
ÉPIGRAMME.

CERTAIN curé, d'un ton de Massillon,
Disoit : Chrétiens, dans quel siecle nous sommes !
Voici le temps où, pour cueillir vos pommes,
On fait en l'air voler le cotillon,
J'ai vu le cas : fillettes sont sur l'arbre,
Garçons dessous ; les croyez-vous de marbre ?
Or donc, voulant prévenir tels abus,
A l'avenir, pour l'honneur des familles,
Sous le pommier on placera les filles ;
Et vous, garçons, vous monterez dessus.

SUR LES ROBES A LA LÉVITE.

ÉPIGRAMME.

O CIEL ! que deviendra l'église ?
Au culte Hébreu, Paris est asservi ;
Toute femme honore Lévi ;
Tout époux ressemble à Moïse.

LE CŒUR GÉNÉREUX,

COUPLET,

Sur l'air : *Est-il de plus douces odeurs.*

UN seul amant est comme rien ;
  On ne peut en rabattre :
En avoir deux, trois, c'est fort bien ;
  J'en dis autant de quatre.
Ma Climene en a douze, au moins,
  Fixés sous son empire ;
Sans embarras, à tous leurs soins
  Un grand cœur peut suffire.

LA VIEILLE DÉVOTE.

EPIGRAMME.

A QUINZE ans, le démon la prit à son
    service ;
Elle a sous ses drapeaux doublement com-
    battu.
  Jeune, elle eut l'art de faire aimer le
    vice ;
  Vieille, elle fait détester la vertu.

G

VERS A THÉMIRE.

Si le destin m'avoit fait belle ,
A chaque instant je me dirois :
Est-ce donc pour être cruelle ,
Qu'amour me donna tant d'attraits ?

Si quelque amant fidelle et tendre
Venoit s'offrir à mes liens ,
Je mettrois gloire à me rendre ,
Tous ses plaisirs seroient les miens.

Etre ingrate par caractere ,
Est un vice affreux , inhumain :
Avoir un cœur , sans en rien faire ,
C'est méconnoître son destin.

Fuir l'amour , est une foiblesse :
La pudeur est de s'embellir
Par les roses de la tendresse ;
La sagesse est de bien choisir.

De notre bonheur occupée ,
En formant d'aimables objets ,
Nature , t'es-tu donc trompée
Dans les plus doux de tes bienfaits ?

O beauté touchante et céleste ,
Idole des tendres mortels !

N'es-tu donc qu'une arme funeste,
Pour nous percer de traits cruels ?

Tout n'est qu'amour dans la nature :
Près de son amant séducteur,
La fauvette sur la verdure
Vole, et soupire son bonheur.

La rose, pour être cueillie,
Dès l'aurore s'épanouit ;
Le ruisseau, sur l'herbe fleurie
Serpente, murmure et jaillit.

Le temps fuit d'un aile légere,
Et la beauté n'a qu'un moment,
C'est à la main d'un tendre amant
A cueillir sa fleur passagere.

Sourde à la voix du doux plaisir,
Vainement ta fierté s'irrite ;
Chaque fois que ton sein palpite,
Il t'avertit qu'il faut jouir.

Thémire, Thémire rebelle,
S'il est défendu d'être heureux,
Pourquoi le ciel te fit-il belle ?
Pourquoi m'a-t-il donné des yeux ?

CHLOÉ ET LE PAPILLON,

Fable imitée de l'Anglois de M. Hamilton.

Sous un ciel serein et tranquille,
Au sein d'un champêtre séjour ,
Loin des vains plaisirs de la ville ,
Et loin des piéges de l'amour ,
Chloé naïve , jeune et belle ,
Voyoit couler ses jours heureux ,
Aussi beaux , aussi simples qu'elle.
Là , dérobée à tous les yeux ,
Par les soins d'une tendre mere ,
Chloé , sans désirs , sans regrets ,
Respiroit un air salutaire
A ses mœurs comme à ses attraits,
Le vif éclat qui la colore ,
N'est que le teint de la pudeur ;
Son oreille n'a point encore
Goûté le poison enchanteur
Des soupirs , des tendres alarmes ;
Elle ignore qu'elle ait un cœur ,
Et soupçonne à peine ses charmes.
   Seule dans le fond d'un bosquet ,

Près du crystal d'une onde pure ,
Elle assortissoit un bouquet
Pour en composer sa parure.
La belle d'un air enfantin ,
Comparoît avec avantage
Le lis et la rose à son tein ,
Et sourioit à son image.
Un papillon au même instant ,
Déployoit ses ailes légeres ,
Et de ses ardeurs passageres
Promenoit l'hommage inconstant :
Ici son audace indiscrette ,
De la timide violette ,
Caresse la vive fraîcheur ;
Là , du sein de la tubéreuse ,
Sa témérité plus heureuse ,
Presse l'orgueilleuse blancheur ;
Aussi-tôt d'un vol infidele
Il court à la rose nouvelle ,
Il baise son bouton naissant ,
Et toujours brillant et frivole ,
Il paroît , jouit et s'envole.
Chloé voit l'insecte éclatant ,
Et sa parure étincelante
D'azur , de pourpre et de rubis ,
Enchante ses yeux éblouis :

Sa petite ame impatiente,
Brûle aussi-tôt de s'en saisir :
Dans le vif transport qui l'agite,
De son jeune sein qui palpite,
S'échappe son premier soupir.

Aussi légere que les graces,
Du rival errant du zéphir,
Elle poursuit long-temps les traces ;
Souvent dans son vol incertain,
Il s'arrête : la nymphe agile
Accourt, le guette, étend la main :
Mais le superbe volatile,
Dans les airs s'élance soudain.
Tour à tour flattée et trompée,
Elle suit sa proie échappée.
Le volage se fixe enfin
Sur la belle et pâle jonquille ;
Elle semble dans sa langueur
Ranimer aux yeux du vainqueur
Le foible éclat dont elle brille :
Du triomphe il goûta le prix,
Chloé vole, approche, il est pris.
Inquiet, agitant son aile
Pour sortir de captivité :
Rendez-moi, dit-il, à la belle ;
Ah ! rendez-moi la liberté :

Rougissez de votre victoire ,
Qu'attendez-vous de mes liens ?
Mes ailes font toute ma gloire ;
Quelqu'éclat , voilà tous mes biens ;
Voltiger , est ma destinée
Sans chaînes , sans soins , sans amour ,
Et mon existence bornée
N'est que l'amusement d'un jour.

   A ces mots , la nymphe ingénue
S'attendrit pour son beau captif ;
Le trouble de son ame émue
Favorise le fugitif.
Il s'échappe : Chloé soupire ;
Sur les boucles de ses cheveux
Balançant son vol amoureux ,
Voici ce qu'il ose lui dire.

   Seule en ces lieux , vous respirez
La douce paix de l'innocence ;
Bientôt, loin des jeux de l'enfance ,
Dans le monde vous brillerez :
C'est là que vous rencontrerez
Un être frivole , infidele ,
Et paré de mille couleurs :
Il voltige de belle en belle ,
Comme j'erre parmi les fleurs ,
Et je suis en tout son modele .

Ah ! si, vous laissant éblouir,
Votre cœur aspire à jouir
D'une si brillante conquête,
Au milieu d'un vain tourbillon,
Quel jour de gloire ! quelle fête !
Vous aurez pris un papillon.

LE RENDEZ-VOUS.

LA nuit sombre et le mystere
Cachent mes pas et mes vœux ;
Enfin il brille à mes yeux,
Ce cabinet solitaire,
Ce temple de la beauté :
Ciel ! à peine je respire ;
L'amour même y doit conduire
Thémire et la volupté.

C'est ici que dans mon ame
S'élança ce trait divin,
Ce premier rayon de flamme
Qui décida mon destin.
Le doux poison de sa vue
Troubloit mon ame en secret ;
Hélas ! tranquille, ingénue,
L'insensible l'ignoroit :
Combien de soupirs, de larmes,

Que de transports pleins de charmes
Qui respectoient sa pudeur ?
Voici l'instant du bonheur :
D'une constance immortelle,
Amour, viens serrer les nœuds ;
Que l'amant le plus fidele
Soit encore le plus heureux.

   O séjour mystérieux !
Séduit par de doux prestiges,
Ma Thémire, je te vois,
J'entends le son de ta voix ;
Tous mes sens ont leurs prodiges ;
Par-tout l'attrait du plaisir,
Par-tout le feu du désir
Se répand sur tes vestiges ;
Ces parfums que tu chéris,
Semblent mêler à l'iris
L'essence de ce que j'aime ;
Et ton amant enivré
Te respire avec l'air même
Que ta bouche a respiré.

   A la lueur qui m'éclaire,
Des graces et des amours
Parcourons le sanctuaire :
Nobles et simples atours
De la beauté qui m'est chere ;

Il n'en est point parmi vous
Qui ne trace à mon délire
Quelques appas de Thémire,
Et dont je ne sois jaloux.
Cette fleur qui semble fière
D'avoir orné ses cheveux,
Et cette écharpe légere
Que mes désirs curieux
Perçoient d'un œil téméraire;
Ce ruban qui caressoit
Un cou rival de l'albâtre,
Cet émail où s'enlaçoit
Ce beau bras que j'idolâtre,
Et ces festons et ces nœuds,
D'une taille enchanteresse
Ornemens voluptueux,
Tout augmente mon ivresse.
   Que vois-je ! là respiroit
Sous la baleine flexible,
C'est là quelle soupiroit,
Son ame douce et sensible :
O puissante illusion !
Ce tissu conserve encore
La divine impression
De ces trésors que j'adore :
Que je vous baise ardemment,

Beaux contours, heureux modele
Qu'eût envié vainement
Le ciseau de Praxitele !
Spectacle de volupté !
Empreinte délicieuse !

Ah ! quand son cœur agité
D'une flamme impérieuse
Palpitera sous ma main,
Lorsque ma bouche brûlante
Pressera la fleur brillante
Qui couronne ce beau sein,
A ce céleste délire
O mon cœur, mon faible cœur !
Comment pourras-tu suffire ?
Dieux ! arbitres du bonheur,
Qui, peut-être avec envie,
Voyez nos tendres amours,
Encore une heure de vie,
Et disposez de mes jours.

O douce et cruelle attente !
Thémire, presse tes pas,
Viens te plonger dans mes bras :
Entends ma voix frémissante ;
Si tu tardois un moment,
Si dans ce trouble perfide,
Un funeste enchantement...

Mais j'entends un pied timide
Qui s'avance vers ces lieux ;
C'est ma Thémire , c'est elle :
Amour la guide , il m'appelle ,
Son souris m'ouvre les cieux.

FIN.

TABLE.

POÉSIES DIVERSES.

TABLE.

TABLE.

Fin de la Table.